Christian Maïni – Jean-Paul Ceccaldi
Olivier Collard – Pascal Sain-Collini

Boues rouges, colère noire

U Cursinu Éditeur indépendant & insoumis, c'est :

Dans la collection « POLAR CORSE » :
Malamorte (Olivier Collard, *à paraître*)
Sulleone (Olivier Collard)
Culpacciu (Olivier Collard)
Murza (Olivier Collard)
Passage à vide (Olivier Collard)
Le candidat (Olivier Collard)
Corbeaux morts (version « Polar corse »)
Vous souvenez-vous d'Antonella ? (Olivier Collard)
Pour toi c'était gratuit (Olivier Collard)
Coffrets : La Trilogie Capcorsine / La Trilogie 1

Dans la collection « BLACK LIMOUSINE » :
L'héritage Werther (Cyril Herry)
Corbeaux morts, version « Black Limousine » (Olivier Collard)

Dans la collection « TRINNICHELLU » :
Sept Maures sur ordonnance (Sain-Collini, Maïni, Corbel, Collard, *à paraître*)
La déconfiture des barbouzes (Maïni, Collini, Ceccaldi, Raffalli, Collard)
Des pruneaux dans la pulenda (Maïni, Ceccaldi, Collard)
Boues rouges, colère noire (Maïni, Sain-Collini, Collard, Ceccaldi)

Dans la collection « NOIRES DE CORSE » :
Pour une parole de trop (Olivier Collard)
Pour une parole mal dite (Olivier Collard)
Pour une parole en l'air (Olivier Collard)
Coffret : Mots pour rire & mots qui fâchent (Olivier Collard)

Dans la collection « PALIMPSESTES » :
Le dit de Eìrìkr le naufragé (traduction Jean Tonnerre, *à paraître*)
Le codex d'Alalia (traduction Jean Tonnerre)
La saga de Thórsteinn à la dague sanglante (traduction Jean Tonnerre)

Dans la collection « LES INATTENDUES » :
Epitaphes pérégrinations nécropolitaines (Christian Maïni)
Coup de foudre (Sylvie Laude)

www.editionsducursinu.fr
www.polar-collard.fr

Collection Trinnichellu

Boues rouges, colère noire

– Recueil de nouvelles noires populaires
revisitant la Corse des années 1972 à 1974 –

Editions du Cursinu

Liste des mets

Il était une fois «le glébeux»

(Préambule)

Maria avait eu la vie dure. Poussés par des nécessités économiques, ses parents avaient tout quitté, laissant derrière eux le fascisme et leur pittoresque village natal adossé au Piémont. La famille Cosimato avait débarqué à Menton « *con a la vele* », à bord d'une embarcation de pêcheur. Maria avait passé son adolescence à apprendre le métier, travaillant de ferme en ferme. A cette époque, la main-d'œuvre italienne était très mal considérée. La tribu avait fini par se fixer du côté de Montauban, où le paternel avait trouvé une place de métayer. C'est là que Maria, désormais jeune femme, avait rencontré un certain Vasquèz, réfugié espagnol. Ensemble, ils avaient repris la ferme. Et puis ils avaient eu un fils : Gabriel.

« *Il génitori* » ne s'était jamais vraiment intéressé à sa progéniture, tout occupé qu'il était à faire tourner l'exploitation tout en cherchant secrètement un moyen de liquider Franco. Victime d'une charge explosive mal placée, le vieil anar (et pourtant novice en plasticage) avait succombé à ses blessures. Maria avait pris la chose comme tous ces gens de la terre rompus aux travaux pénibles : trop pauvres pour se laisser aller, trop affairés pour se plaindre. Elle travailla comme un homme, sans même songer à se remarier. Elle avait tenu le coup une bonne quinzaine d'années. Et puis, il y avait eu cet hiver un peu plus rude que les autres. Où la vie l'avait trouvée ridée, moins résistante. Il y avait eu aussi la pneumonie. Négligée par les médecins, Maria fut emportée en quelques semaines, victime de fortes fièvres. Elle venait juste de fêter ses 40 ans. Son fils avait l'âge de bêcher.

Pour subvenir à ses besoins, le jeune Gabriel entreprit divers travaux saisonniers, prenant ce qu'il trouvait, au petit bonheur. Comme il avait la bougeotte, il s'essaya successivement à la culture des tomates à Marmande, au ramassage des bigorneaux en Bretagne, à la récolte du riz en Camargue. Ce coin de nature si cher à Georges Brassens lui plaisait, il y avait passé l'hiver, traînant avec quelques Gypsies aussi désœuvrés que lui en fin de saison. En leur compagnie, Gabriel avait vaguement appris trois accords de « guitare sommaire », comme aurait dit Boby Lapointe. Mais des embrouilles, rixes opposant Gypsies et fils de Harkis, l'avaient poussé à mettre les voiles. A présent, le jeune homme se sentait un peu gitan, il voulait donc voir du pays. Et ça faisait un bon moment que l'idée de découvrir la patrie de Pascal Paoli lui trottait dans la tête.

Gabriel avait commencé à ramasser kiwis, pomelos et clémentines pour le compte des frères Rimigni, trois Pieds-Noirs rapatriés en plaine orientale dix ans auparavant, en 1962. C'étaient de vrais pedzouilles, rustres et pingres qui logeaient leurs saisonniers dans des baraques à cochons. Gabriel les surnommait « les frères Pignouf » car ils étaient bosseurs, toujours dans le jugement, lamentablement prévisibles.

À la fin de la cueillette, le jeune commis fut conservé dans l'effectif, les frères Pignouf ayant besoin d'un ouvrier qualifié (comprenant le français) pour leur refaire les palissages. L'hiver approchant, Gabriel quitta donc son clapier où il commençait à greloter, et prit un logement dans le village du dessus. Il sous-loua une chambre mansardée chez Santa Costantini, une vieille dame à l'éducation sévère que les gens du coin nommaient « l'*Ébréa* ». Toute vêtue de noir et portant son chignon bien haut, sa logeuse se mit en devoir de lui dispenser une instruction. Elle lui réapprit à lire, avec le seul ouvrage d'érudition qu'elle possédait : la Bible de Chouraqui.

Gabriel, qui aimait bien parler de ce qu'il apprenait, se retrouva affublé d'un sobriquet à coucher dehors. Un qualificatif que tout le monde ici trouvait ridicule, et qui lui allait bien au teint car le jeune homme s'était tanné le cuir en bêchant sous les soleils de Haute-Garonne, de Camargue et de Casinca. Ce curieux surnom lui collait à la peau, évoquant aussi bien sa condition d'ouvrier agricole que cette instruction acquise sur le tard.

On l'appelait « le glébeux ».

Boues rouges, colère noire

L'intégration – début 72

Comme il est des êtres plus doués que d'autres. Gabriel était de ceux-là. Il avait un don particulier pour la vie. Véritable caméléon, il savait instinctivement se mêler, se mélanger aux autres, se fondre dans le paysage et en prendre toutes les couleurs. Il avait débarqué dans l'île, deux mois plus tôt, pour faire la cueillette des clémentines dans la plaine orientale. En ce début 1972, il était déjà comme chez lui, adapté, adopté et profondément adepte de la culture corse sous toutes ses formes. Se trouver plongé dans le jus, avec un groupe d'ouvriers agricoles du cru (genre *corsopithèques* de base) l'avait enthousiasmé. Il faut vous dire que Gabriel était un esprit simple et direct, sans malice ni calcul, et même vertueux à certains égards. Il possédait cette capacité d'intégration hors du commun où son intégrité empêchait de fait toute désintégration. Son atout majeur était le sens de la *macagna*. Bien vite il a su jouer des codes et du langage coutumier local (par exemple, en entrant dans un bar, pour dire bonjour il lançait un « *Heu* ! » court et guttural, avec certains jours des variantes comme « *Salute* ! », « Allez ! » ou même « *Aiò* ! » ou encore, quand il voulait être plus expressif et faire preuve d'esprit, « *Aiò* qu'il va pleuvoir ! ».

Lui, qui quelques semaines plus tôt traînait encore dans ses mots des notes chantantes du Sud-ouest, arborait fièrement désormais un rocailleux accent corse de Casinca à couper à la *vendetta*. Il n'avait pas eu à se forcer ; le langage, les expressions, et même les attitudes lui étaient advenus tout naturellement ; certes quelques autochtones, à l'œil et à l'oreille avisés, décelèrent sous certaines intonations une origine différente, amplifiée par un style vestimentaire peu courant sur l'île. Il portait une longue et large liquette blanche, relique des mouvements hippies de 68 (mode qui n'avait pas encore traversé la mer). Sous sa tunique, un jean rose pâle à *pattes d'eph'* et des sabots en cuir noir clouté sur d'épaisses semelles de bois. Malgré sa faible taille et sa complexion charnue, il n'en était pas moqué pour autant ; d'abord parce qu'il était massif, large d'épaules, les bras courts et puissants, les mains calleuses, la peau tannée et burinée par le travail au soleil ; et aussi parce qu'il savait prendre l'œil *di traversu*, l'œil fou, celui qui ne permet à quiconque le moindre soupçon d'ironie.

Bref, il pouvait être très susceptible (comme pas mal de gens ici) et cultiver à la fois, en un véritable art de vivre, le trait d'humour et le sens de la *macagna* (sport national largement pratiqué).

Le jour arriva où Gabriel dut reprendre la route avec son vieux van Volkswagen sommairement aménagé.

– O Gaby, tu vas où, tu rentres sur le continent ?

– T'y es fou ! je crois que maintenant, c'est ici chez moi. Je vais me faire un *giru*, voir si je peux chaîner avec le ramassage des olives ou avec les serments...

– *Haa* ça se voit que c'est bientôt le printemps, c'est le temps des serments d'amour.

– *Chì* serments d'amour, les serments de vigne ! O *baullò*. »

L'arrivée au village – fév. 72

Ce soir-là, il régnait au village une ambiance de fête. Tout le monde était réuni ; 35 âmes l'hiver (seuls manquaient à l'appel *Cècè u Cecu,* dit « l'aveugle », un type mauvais comme la teigne, qui ne voyait aucun intérêt à tout ce cinéma, et *Assunta* la doyenne avec ses 103 ans qui, en raison de l'excitation et de l'effervescence générale, avait demandé qu'on l'enferme dans la cave pour le couvre-feu de peur des invasions barbares). Un grand nombre de personnes était venu aussi des hameaux alentour pour assister au cinéma en plein air. C'est comme ça qu'on l'appelait ici, bien qu'en hiver la projection se déroulât dans l'ancienne confrérie attenante à l'église, devenue salle des fêtes.

C'était un rituel, deux fois par an, en août et en février, le fourgon bariolé montait au village en klaxonnant. Cette séance-là restera toujours et à jamais dans la mémoire collective. Au volant, le machiniste *Dumè*, dit « le masseur », un nounours blême, roux et excessivement poilu. On l'appelait ainsi depuis le jour où, il y a bien des années, il s'était présenté pour la première fois au village, avec une pin-up en logo et l'inscription « Le *Kiné-Dragulinu – 5 francs* la séance » peintes à la main sur la carrosserie de son fourgon; Sauveur le cantonnier (il était jaloux comme un pou !) crut que le rouquin venait pour faire des massages aux femmes du village et plus particulièrement à sa femme. Les choses avaient failli en venir aux mains... et au sang !

Alors que la projection venait à peine de commencer, dans une ambiance de kermesse profane, avec à l'affiche « L'aventure c'est l'aventure », toute la commune se trouva soudain plongée dans le noir (ce qui est encore assez fréquent de nos jours). Une colère blanche s'empara alors des spectateurs et des critiques virulentes fusèrent envers le Maire, connu pour ses positions politiques radicales contre les mouvements et autres courants alternatifs. Le Maire, Napoléon Spampilli, qui (disons-le clairement) n'était pas une lumière, se déchargea de ses responsabilités en désignant le fusible idéal :

– C'est la faute à *Dumè*, il a tout fait sauter, il a pété les plombs.

Quelques esprits brillants vinrent éteindre, non sans difficulté, le foyer ardent des mécontents obscurantistes prêts à disjoncter et la foule enfin calmée se retrouva sur la place de l'église en attendant la lumière ; à qui pour fumer ; à qui pour parler du *Sceubeu*, du brillant arrêt de Pantelic contre Lens et du but lumineux de Fanfan Félix sur le centre du flamboyant Kanyan et de regretter le départ du bouillonnant Paolo Farina spécialiste des tacles à la gorge dont raffolaient les *accaniti* de la tribune Est ; alors qu'on entendait plus loin quelques filles, regroupées en grappes de fruits défendus, chuchoter et glousser et faire éclater sur leurs lèvres luisantes des bulles de Malabar qui explosaient le cœur des garçons boutonneux et timides. C'est à ce moment qu'on vit apparaître au loin sur la route une petite lumière diffuse, intermittente tout d'abord, puis qui se rapprochait lentement tel un faisceau fantôme. C'est le machiniste, en recherche d'illumination dans sa quête de tirer les affaires au clair, qui alerta l'assemblée :

– *Mi, bouh cosa hè* ? »

L'attention et même la crainte étaient à leur comble parmi l'assistance quand on aperçut un spectre blanc faire son apparition ; Pantanacce, le gendarme local, fit preuve de bravoure en s'avançant d'un pas ferme et efficace vers l'ectoplasme, suivi prudemment comme son ombre (bien qu'il ne puisse y en avoir sous une nuit sans lune) par le Brigadier-chef, le Gros Beauger. Et c'est là qu'apparût Gabriel, tout auréolé dans sa liquette blanche, tenant dans une main une lampe torche et dans ses bras un petit chiot. Devant la foule regroupée et rassurée, il expliqua :

– Je conduisais mon fourgon tranquille tranquille et là, je vois cet animal au milieu de la route en plein tournant, alors moi *quesque* je fais, je braque, je freine, je *spazze* et comme j'ai les *peuneus* lisses lisses, je me retrouve dans le *fussettu*, beuh, et voila, et maintenant, je sais même pas où je vais dormir, Sieu l'adjuvant.

Une vieille femme s'avança en écartant la plèbe.

C'était Santa Costantini, dite l'*Ébréa* (une mystique, selon la croyance populaire, toujours plongée dans le seul livre qu'elle possédait : la Bible de Chouraqui). Elle regarda Gabriel encore sali par la terre du fossé boueux duquel il s'était extirpé et déclara sous les yeux ébahis de l'auditoire :

– Tu es le fils de la terre que je n'ai pas eu, je te reconnais, toi, le glébeux, je t'offre l'hospitalité.

– C'est gentil ô Madame, mais c'est possible que je garde ce chien ?

– C'est un petit *cursinu*, qu'il soit le bienvenu lui-aussi chez moi. Ton prénom c'est Adam ?

– Non, je m'appelle Gabriel Vasquez. »

Le clan des *puttachjone* (quatre vieilles mauvaises langues du village surnommées par les jeunes les « *space girls* » allez savoir pourquoi) en firent des gorges chaudes.

Pantanacce le gendarme demanda au *Dotteur* Aristide Mori (que tout le monde appelait ici Mori Arti) d'examiner l'*atcidenté*. C'est à ce moment que la lumière fut rétablie à la grande joie de tous qui, dans un élan et une précipitation indescriptible, s'engouffrèrent tout feu tout flamme dans la confrérie pour recouvrer leurs places et enfin voir le film. Tout impatient de délaisser son patient pour rejoindre les autres, après divers et brefs tapotages, tirages de langue et de paupières, le toubib décréta Gabriel « bon pour le service ».

Dans sa hâte de ranger les ustensiles dans sa trousse, le *Dotteur* courut vers la lanterne magique et fit tomber un petit carnet de notes. Par une curiosité machinale,

Gabriel feuilleta au hasard le carnet du bon *Dotteur* Mori Arti :

- *Antò me doit encore 33 francs*
- *Roccu est mou comme une fritelle*
- *Amédée est un ballalò*
- *Anunziata est une fausse blonde*
- *Santa l'Ébréa est une signadora qui cherche à me voler mes patients.*

« Beuh », pensa Gabriel, « Une *signadora*, elle vous saigne et vous enlève le mauvais œil, elle peut aussi, si elle le veut, vous arracher les deux yeux pour de bon, c'est peut-être comme ça que ça c'est passé pour *Cècè u Cecu*.» Il aima bien cette idée qu'elle puisse être aussi un peu *strega*.

Santa le prit par le bras et l'emmena chez elle, dans une petite et vieille maison à l'orée de la forêt ; elle fit réchauffer la soupe et lui montra sa chambre. Elle vivait seule et n'avait jamais été mariée, de sorte qu'elle coulait un veuvage heureux.

– Tu vas l'appeler comment ton chien ?

À ces mots, le désormais « glébeux » ôta sa casquette, en signe de respect et aussi pour se gratter la tête.

– Je sais pas, vous dites que c'est un *cursinu*, ça existe comme marque ?
– Bien sûr, regarde comme il a l'air brave et intelligent, ça c'est un chien bien de chez nous et tu verras, un jour sa race sera reconnue aux yeux du monde entier !
– Bôh.

– Tu vois sa queue en panache, son pelage fauve bringé et sa truffe noire comme un masque de loup !
– Alors on l'appellera *Mascarò*. »

Pour marquer sa fierté et son approbation, le chiot émit un jappement d'une voix humaine...

La rencontre en auto-stop – mai 72

La goutte sereine est ainsi vagabonde car, si elle stagne, elle devient vaseuse. Gabriel était apprécié au village ; il donnait la main à droite et à gauche pour les travaux du jardin, pour couper le bois et autres petits services. Mais depuis qu'il n'avait plus de moyen de locomotion, chaque déplacement devenait compliqué. Ce jour-là, Gabriel devait descendre à Bastia pour résoudre diverses tracasseries administratives. Il lui fallait faire 10 km pour rejoindre la nationale dans la plaine et 30 autres pour atteindre la Capitale. Il décida de faire du stop. Par chance il se fit ramasser par la 4L de la brigade volante (ou roulante), digne représentante des forces de maintien de l'ordre, avec à son bord Pantanacce et Casanova.

Ce dernier arborait des moustaches de capitaine. Il s'agissait là de son seul fait d'arme car par ailleurs il faisait le désespoir quotidien du Brigadier chef, le Gros Beauger.

Pour vous dire, un jour Gabriel se pointe à la gendarmerie avec Casanova derrière lui, qui le suit les mains dans le dos. Et là, le Gros Beauger désespéré demande à Gaby :

– Pourquoi tu me ramènes Casanova, qu'est ce qu'il a encore fait comme bêtise, ce malheureux ?

– O Gaby, on te laisse à l'embranchement, que nous, y faut qu'on remonte vers Ghisonaccia, fit Pantanacce.

– Ouais, qu'y a des choses pas cathodiques qui se passent dans la mer, renchérit Casanova.

– Va bè, après je me *sbroglie* tout seul de par moi-même, répondit Gabriel.»

Un quart d'heure plus tard, il se fit embarquer par une Renault 16, conduite par une jeune femme brune dynamique très stressée avec une longue natte très fine qui lui descendait jusqu'aux reins. Elle s'appelait Denise Vignale, prof de sciences au lycée Marbeuf à Bastia. Elle était dans tous ses états parce qu'on avait découvert un rorqual de 20 mètres et 10 tonnes, échoué sur les côtes du Cap corse. C'était la troisième fois qu'un tel événement se produisait en l'espace de deux mois. Denise était militante acharnée d'une association pour la défense de la nature et spécialiste du milieu marin. Elle faisait des relevés en mer du côté de Ghisonaccia quand elle a appris la nouvelle et se dirigeait dans le Cap pour essayer de déterminer les causes de la mort de la baleine. Gabriel silencieux écoutait son déferlement continu de paroles stridentes qui crissait comme une craie frottée sur un tableau.

« Fatigante engeance que les femmes » pensait Gabriel et il lui dit en la coupant :

– Euh, je peux venir avec vous ?

Denise s'aperçut alors que c'étaient les premiers mots de Gabriel depuis qu'il était monté dans la voiture. Elle réfléchit, « Ou c'est une barbouze, ou c'est un indépendantiste. » Finalement elle pencha pour la deuxième solution et accepta en se disant que cela pourrait peut-être aider sa cause.

La vedette des affaires maritimes et la presse étaient déjà sur place. Denise examina le cadavre de la baleine échouée et constata que sa peau était comme grillée.

– Bouh, *tamantu* barbecue, y' a de quoi nourrir la Corse entière ! s'écria Gabriel.
– Tout ça c'est à cause des boues rouges qui nous viennent d'Italie.
– D'égouts rouges ?
– Oui si tu veux, c'est un peu pareil. Ils déversent leurs déchets dans la mer, ce qui forme une nappe de boues rouges qui crame tout ce qui se trouve dessous.
– Le *dotteur* y dit toujours quand il y a le bout rouge c'est signe d'inflammation, j'ai compris maintenant pourquoi la baleine elle est cuite ! Tu sais quoi : d'Italie ne vient jamais ni bon vent ni bon mariage... »

Le lendemain matin, à la Une du Provençal et du Nice-Matin Corse s'étalait une photo sous le titre :

« Denise Vignale et Gabriel Vasquez (responsables du comité « Non aux boues rouges ») devant l'imposant cétacé retrouvé mort dans le Cap. »

Commentée en pages intérieures par un article alarmant :

« Le gouvernement italien a autorisé l'usine de traitements chimiques Montedison, installée à Scarlino dans la baie de Follonica en Toscane, à déverser 3000 tonnes de déchets toxiques chaque jour à une vingtaine de milles du Cap Corse. Ces déchets sont constitués d'acide sulfurique, de manganèse, de vanadium, d'arsenic, de plomb...

Le gouvernement français, quant à lui, se contente de démarches et demandes explicatives par la voie diplomatique. La colère et l'inquiétude montent parmi la population. Les pêcheurs, le Conseil Général, les associations, les partis politiques et les mouvements régionalistes prennent parti.»

En marge de l'article, une photo de Denise avec son commentaire :

« Nous allons devoir faire appel à l'armée pour remorquer le rorqual vers le large et le faire exploser.»

De même pour Gabriel :

« Quand on voit un poisson rouge de cette taille, c'est qu'il y a un problème, on va faire exploser cette affaire de poissons grillés qui sent de plus en plus le roussi. Pire, elle sent la puzza, sans compter que la baleine a mauvaise haleine et que la nausée abonde.»

Isula morta – 11 fév. 73

L'ensemble de la société corse – à l'image de la mer environnante – était en ébullition devant l'attitude et l'intransigeance du gouvernement italien qui refusait l'arrêt des rejets de la Montedison, en dépit des nombreuses enquêtes et des analyses alarmantes menées par la société civile. Les prises de position des plus éminentes personnalités françaises, des biologistes, des océanographes, étaient relatées dans la presse nationale et internationale comme celles du commandant Cousteau, de Paul-Émile Victor, du Docteur Bombard, de Gabriel Vasquez... qui avait notamment déclaré :

« C'est assez, il faut sauver ce qui se cache à l'eau ! »

De son côté l'État français et ses représentants sur place, semblaient peu enclins à vouloir faire des vagues sur le pays voisin. En quelques mois, l'affaire prit des proportions considérables face au pouvoir central qui resta de marbre (de Carrare).

Ce 11 février, une impressionnante manifestation fut organisée à Bastia. Toute la Corse était présente. Le rond-point du Palais de Justice était noir de monde, envahi par une énorme marée humaine venue défiler contre les rejets en mer de déchets toxiques.

La foule déferlait, se répandait sur le boulevard Gaudin et remontait sur le boulevard Giraud. Le Vieux-Lycée de Bastia était littéralement submergé et semblait déborder de manifestants qui se penchaient et s'épanchaient par ses fenêtres *(attenti o zitelli hè periculosu pendicassi !*)

La houle bouillonnante se brisait sur les marches du Palais de justesse et allait jusqu'à l'engloutir aveuglément, faisant pencher de son poids le fléau fragile de sa balance infernale.

La tête de la manif avait du mal à se constituer, chacun voulant mener la troupe et parader. Quelques personnes dotées de diplomatie convaincante et de physique plutôt intimidants vinrent mettre de l'ordre et établir les règles et ordres protocolaires. Ainsi un costaud rasé, le regard impavide et l'attitude farouche (de toute évidence membre du FCPL Front Corse Paysan de Libération) vint extirper Gabriel de la masse des anonymes et l'imposa en tête de cortège avec Denise, parmi les sages et devant les politiques.

Les reportages télévisés en noir et blanc offrirent aux commentateurs l'occasion d'envolées lyriques dignes de l'anniversaire du Trouduc d'Orléans ou des mariages princiers chers à Léon Zitrone, avant de rendre l'antenne à « Simone rue Cognacq-Jay » :

Sur vingt rangs le cortège ondoie
D'abord les gros bras aux pas lourds ;
Puis sous la Bandera qu'on déploie
Les anciens, cela va de soi,
Avec leurs vestes de velours.

Voici les écharpes des maires ;
Élus et partis politiques.
Les associations insulaires,
Les mouvements contestataires,
Tous contre les déchets toxiques.

Voyez ces cagoules dont raffolent
Les ribelli craints de l'enfer ;
Et sous leur grande banderole
Les bergers venus di Niolu,
Vêtus de bêtes, armés de fer.

Enfin les notables et les prêtres.
Puis ce peuple mobilisé,
Criant son refus de se soumettre
Testa Mora comme seul maître,
Uni dans la fraternité.

On entendait les mots d'ordre et les slogans qui montaient crescendo tandis que le cortège descendait lentement le boulevard Paoli ; chacun y allant de sa sensibilité et de son inspiration :

La mer n'est pas une poubelle !
Montedison passe, mer trépasse !
Pompidou avec nous !
Non aux bouts rouges !
Allez les bleus !
Libarta pè Jojo le mérou!

Au son des sirènes, des cornes de brume, des bombes agricoles, des canons à carbure. Sous les nuages de fumigènes multicolores et de fusées éclairantes qui enveloppaient la ville, encore un peu on se serait cru à Furiani pour un match contre l'OM (ou au mariage de Mémé Guelfini, un ancien chef de la French Connection).

Arrivée aux grilles de la sous-préfecture, une délégation demanda une entrevue avec l'homme en noir, c'est-à-dire le haut fonctionnaire qui, en attendant les ordres de Paris, louvoyait et tergiversait. Il faut vous dire, à sa charge, qu'il avait tenu durant tous ces mois de mécontentement une position quelque peu désintéressée et limite méprisante envers la mobilisation croissante.

Le centre administratif fut envahi, les bureaux saccagés, les dossiers balancés par les fenêtres. La *bandera* fut hissée sur le toit. Le Chef de Cabinet fut enfermé dans les toilettes (ce qui lui allait bien) et saucissonné avec le papier trouvé sur place, façon momie.

Le Sous-préfet fut, soi-disant, molesté (rapporteront les journaux nationaux) alors que tout le monde avait bien vu que Gabriel ne lui avait donné qu'un *scapochju,* une calotte amicale pour l'aider et l'encourager à sortir gentiment du bâtiment. La réplique de la force armée fut immédiate et surdimensionnée et les négociations bloquées. C'était la première fois en Corse que la violence éclatait avec autant de véhémence.

Le journal nationaliste « *Arriti* » dénonça les arrestations de Raymond Naphtali (ARC), de Vincent Durbani (PCF) et de Gabriel Vascchesi (FCPL).

La semaine suivante une action « *Isula Morta* » fut lancée. Grève générale ! Tout était bloqué : transports, entreprises, commerces, administrations, écoles... La cause écologique s'étendait au domaine politique : on exigeait avant tout la libération des trois hommes incarcérés.

Pendant ce temps, la Montedison continuait ses funestes déversements... Et le soir, on pouvait entendre dans les flots, le hurlement silencieux des loups, ces bars de nuit se mettant vainement en chasse à la lune pleine, tout près des lieux malfamés et tristes. Ainsi que le chant sinistre et alarmant des sirènes rejoignant dès-lors celui des baleines.

Le commando marine – 15 sep. 73

Un homme se présenta ce matin-là chez Gabriel. C'était le costaud rasé du FCPL rencontré lors de la manif, il s'appelait Jean-Do.

– *Heu ! Va bè* ? depuis la dernière fois, dit-il.
– *Cusì* ! répondit Gaby en tortillant sa main.
– Je me suis toujours demandé pourquoi tu l'avais *scuzzulé* à l'autre Sous-préfet à lunettes ?
– Normal, à moi, on m'a dit que c'était un haut responsable de tout ce *tazzu*, donc c'était sa faute à lui. *M'beuh*, je te raconte pas ce qui se serait passé si je lui avais *sciaccé* un *pattone* sur le *muccicchile* à cet encravaté, dit Gabriel.
– Quoi ? si tu lui avais foutu une gifle, o *basta*, ça aurait déclenché la troisième guerre mondiale, y-z'auraient coulé l'île ! Au fait, les dirigeants du FCPL voudraient que tu viennes faire équipe avec nous. On a besoin de toi pour une action commando et pour gagner à tout prix cette partie.

– Hoho, un transfert ! y'a longtemps que j'ai pas joué, mais bon pourquoi pas.

– Prends-toi deux affaires, je t'attends dans la voiture. »

Quand l'homme sortit, L'*Ébréa* qui avait tout entendu depuis sa cuisine dit à Gabriel :

– Dans quoi tu t'embarques avec ces gens du FCPL, t'y en as pas déjà assez fait ?

– Pourquoi c'est pas une bonne équipe le Football Club de Ponte Leccia ? »

Jean-Do et Gabriel se dirigèrent vers Bastia pour rejoindre deux hommes et ils repartirent en fourgon. Jean Do était le chef du groupe. Les deux autres avaient l'allure plutôt martiale, *pilati* bien entendu et visiblement dans une forme physique irréprochable avec une cage thoracique très développée. Ils passèrent la journée aux préparatifs, firent plusieurs arrêts dans des caves à Lupino puis sur la route du Cap à Brando et Santa Severa, pour des tests et vérification du matériel avant de rejoindre Macinaggio. Tout cela dans le calme, la concentration et dans un silence imposant.

Enfin Jean-Do rompit la glace :

– Gabriel, tu as déjà fait du bateau ?

– Eh ! Comment tu crois que je suis arrivé, en âne ? J'ai pris le « *Monte Cinto* » mais y'a rien qui m'a plu dans ce bateau, surtout sa couleur. Pourquoi les bateaux y sont tous blancs aujourd'hui, y sentent de rien. Moi je préfère les bateaux d'avant, avec les cheminées rouges, les fumées noires, les coques noires et impressionnantes comme le « *Sampiero Corso* », le « *Commandant Quéré* » le « *Cyrnos* » tu vois ? des bateaux qui avaient de la gueule, qui sentaient le voyage, l'aventure et la possibilité de jamais arriver.

– Je croyais que t'étais un expert de la mer.

– Ouais j'aime bien, une fois j'ai mangé des oursins, des *zinzi*, bè ça m'a rendu zinzin. Tu sais que pour un hérisson, un oursin c'est une sirène ? »

Tout semblait serein sur le petit port de Macinaggio. Les quatre hommes s'affairèrent à transvaser des sacs, avec une extrême précaution, du fourgon vers une vedette rapide dotée de deux moteurs Mercury de 130cv.

Alors qu'une heure plus tôt le soleil illuminait encore, le ciel commença à se brouiller et à se fondre dans une grisaille indistincte. Les orages firent place à la lourde torpeur de la journée. Un rideau de pluie uniforme apparut quand l'embarcation s'éloigna du port. Les quatre hommes prirent la direction des îles Finocchiarola pour se mettre à l'abri des regards et revêtir leurs combinaisons de plongée. Gabriel, visiblement peu accoutumé à enfiler ce genre d'accoutrement, pestait contre tous les saints du calendrier Pirelli.

Ils mirent le cap sur l'île de Capraia. La nuit tomba et toutes les puissances de l'orage se déchaînèrent, l'écume et le brouillard devinrent encore plus noirs. Partout les vagues se gonflaient et bouillonnaient. L'eau jaillissait et déferlait dans l'embarcation. Les conditions météorologiques étaient dantesques. Le grain rugissait, craquait, sautait sur le frêle esquif. Ils durent ensuite longer la côte-est de l'île d'Elbe à faible allure, tous feux éteints.

– Faut pas se faire repérer par les gardes-côtes, dit Jean Do.

– Et entrecôtes, rajouta Gaby pour détendre l'atmosphère mais aussi parce qu'il aurait bien aimé se caler l'estomac après être passé dans cette lessiveuse géante.

– Bon voilà la baie de Follonica, on sera beaucoup plus à l'abri et d'ailleurs la tempête se calme doucement. Toi Gaby, tu nous attends là. Fais semblant de pêcher, on a pris des cannes.»

À presque trois heures du matin, le « *Scarlino II* », le bateau déverseur de la Montedison, était au mouillage au bout du ponton de chargement. Jean-Do, Migué et celui surnommé « *Denti* », à cause de son profil prognathe, se mirent à l'eau avec leurs bouteilles et chacun sa mine ventouse magnétique. Leur mission était de placer les charges à un mètre sous la ligne de flottaison, le long de la coque bâbord.

Gaby les regarda disparaître dans le noir des flots, sortit sa vendetta, se tailla un bout de fromage vieux, l'accrocha à l'hameçon et lança sa canne. Il s'installa du mieux possible, jambes allongées, dos bien calé. Il se laissait bercer par le roulis, beaucoup moins fort à présent et bien régulier. Il ressentit un bien-être s'emparer de lui et ferma les yeux quelques instants quand il sentit soudain une grosse touche sur sa canne. Elle se courba à l'extrême. Le bateau semblait attiré par le fond, une vague terreur s'empara de lui quand il aperçut une gigantesque masse blanche venant des profondeurs. Une bouche monstrueuse s'ouvrit, poussant son krill et engloutissant l'embarcation d'une seule traite. À l'intérieur de la bête, il reconnut Jean-Do tout dégoulinant qui lui disait :

– Oh réveille-toi, t'as mauvaise mine, tu es tout jaunasse ! Faut qu'on se barre. »

Quelques minutes après, trois explosions se faisaient entendre au loin sur la Toscane qui s'éloignait...

– Mine de rien, on les a bien explosés ! » s'écria Gabriel.

Les côtes du Cap Corse apparaissaient maintenant au seuil de ce nouveau jour. Nul ne peut atteindre l'aube sans passer par le chemin de la nuit. Un magnifique arc-en-ciel se dessinait.

Gaby d'un air songeur interrogea ses compagnons :

– Arc-en-ciel en corse, ça se dit bien *Arcubalena*, non ?

Le procès – avr. 74

Après une interminable bataille de procédure, les parties civiles obtinrent la tenue d'un procès. Il se déroula du 3 au 27 avril 1974 à Livourne.

La Montedison était défendue par huit des plus grands maîtres du barreau italien, dont trois professeurs de réputation internationale, épaulés par une armée d'experts. Face à eux, de jeunes avocats, tant italiens que français, et leurs propres experts parmi lesquels Roger Molinier de l'Université de Marseille, Jean Polvèche de l'UER Océanographique de Nice, Denise Vignale Professeur de Sciences à Bastia et Gabriel Vasquez Spécialiste des eaux troubles et fumeuses.

Le 27 avril, le verdict tomba :

– Eugenio Ceris, Président, et 4 dirigeants de la Montedison furent condamnés à 3 mois et 20 jours de prison. Avec sursis, faut quand même pas pousser

Mémé dans les orties.

– La Montedison se vit dans l'obligation de recycler à terre 400 tonnes de matériaux ferreux.

– Obligation de neutraliser à la chaux ventilée les 2500 tonnes d'acide sulfurique quotidiennement déversées.

– Obligation de procéder avant la fin 1975 à l'installation des épurateurs entraînant la cessation de toute immersion de boues toxiques en Méditerranée.

C'était une des toutes premières grandes victoires écologiques contre une multinationale. Ce fut aussi l'élément fondateur du *Riacquistu*, mouvement populaire de réappropriation culturelle, dans l'île.

De retour de Livourne, interrogé par la presse locale sur ce fameux procès des « Boues Rouges », Gabriel Vasquez déclara avec emphase :

« La mer c'est comme le foot. Chez nous, elle a pour vocation à rester bleue ! »

Olivier Collard

Le glébeux habite au 22

I

Les cartes restèrent un long moment suspendues en l'air. Quand Ange Casanova – Gendarme Modéré – annonça devant toute la tablée qu'à son humble avis la Bande des Casincais se fournissait en armes auprès des frères Pignouf, le Brigadier Beauger fronça ses épais sourcils. Et manqua de s'étouffer avec un Bretzel. Alors que le gradé aux illustres bacchantes et aux sourcils incultes (un béotien originaire de Franche-Comté) s'apprêtait à « mener rondement l'affaire », son subordonné venait de l'éventer. Et le moins que l'on puisse dire, c'est que ça sentait pas bon. Ça empestait à s'en déchirer les naseaux, comme cette fois où le hiérarchique fraîchement débarqué avait osé critiquer le fromage corse. Le lendemain, il avait retrouvé dans son casier un pot de cancoillotte mal refermé qu'il avait renversé par mégarde. Il avait été *à la rise*. Sauf que là, ça n'avait rien d'une simple farce. Ce crétin de Casanova avait vendu la mèche. Et pas devant n'importe qui encore : devant Gabriel Vasquèz, le jeune commis de ferme qui travaillait justement pour le compte des « frères Pignouf », de riches agriculteurs basés en plaine orientale.

Nés à Constantine d'un couple de colons insulaires, les frères Rimigni avaient d'abord fricoté avec l'OAS, mais sans penser à mal. C'était leur façon à eux de conjuguer leur attachement à la terre nourricière avec leur passion congénitale pour les armes. Ils s'étaient repentis, laissant de côté leurs mauvaises fréquentations d'autant qu'ils avaient vite senti le vent tourner.

Débarquée en Corse dès 1962, la fratrie n'avait pas tardé à faire main basse sur les terres réhabilitées et cédées par la SOMIVAC. Comme ils se targuaient d'être au moins aussi corses que certains gars du cru (ici, c'est le droit du sang qui prévaut) ces trois-là n'avaient pas tardé à adhérer au parti régionaliste naissant. Un mouvement en plein essor, surtout depuis l'affaire des boues rouges. Même s'il avait une fâcheuse tendance à prendre fait et cause pour les Corses, au détriment des rapatriés d'Algérie, Raymond Naphtali, le leader charismatique de ce mouvement usait d'arguments pertinents. C'était un orateur hors-pair, son indéniable justesse lui conférait une légitimité. C'est alors que « le Totor », l'aîné de la fratrie, sûr de son fait (il possédait une lignée irréprochable) marcha à la suite de ce Naphtali. Ses puînés lui emboitèrent le pas. Au début, la situation prêtait à sourire, car tout le monde ici savait d'où ils venaient, et les villageois n'appréciaient pas que des rapatriés viennent leur donner des leçons de corsitude. Le patriarche n'était pas en odeur de sainteté sur cette terre nourricière qu'il venait de s'accaparer, et l'on disait de lui : « *Quessu ùn cunnosce più a filetta*[1] ». Mais quand il a commencé à fournir des armes...

Le Gros Beauger fulminait. Il sentait bien que quelque chose se tramait, et qu'il fallait mettre un terme à ce trafic d'armes pour éviter tout risque d'embrasement. Depuis quelque temps déjà, un groupuscule, commençait à faire parler de lui (à défaut de faire parler la poudre). L'Association des Récoltants Cueilleurs, l'ARC, dénonçait vaillamment les pratiques de certains trafiquants de vinasse, qui faisaient du vin avec des électrodes et de vieux pneus. La mixture méritait-elle l'appellation de vin de messe ? En tout cas, ça avait goût à vin. Mais ça vous collait des aphtes qui vous démangeaient jusqu'au fondement. Ça décapait les muqueuses, allant jusqu'à perforer même les gosiers matelassés au ratafia.

Surfant sur la vague régionaliste, prônant l'exécration des aphtes, de la varice et des bouts rouges qui sont signes d'échauffement, la cause viticole s'élargissait, ralliant de plus en plus de sympathisants. Et aussi quelques partisans regonflés à bloc, notamment en plaine orientale où la viticulture *à l'usu* (doucement le matin et pas trop vite le soir) était désormais menacée par l'arrivée massive d'exploitants rapatriés du bled, bien décidés à se retrousser les manches. La plupart étaient venus ici avec une valise pour tout bagage et la ferme intention de se refaire. Ils étaient dans la revanche, mais se laissèrent rondement amadouer : les terres cédées par le gouvernement constituant une mise de départ

---

1 : "Celui-là ne connaît plus la fougère" (se dit de quelqu'un qui a oublié ses racines).

plutôt coquette. Un arbitrage sorti du chapeau qui causa bien des tiraillements avec les insulaires, vexés de n'avoir pas eu leur part d'un gâteau jusque-là dédaigné. En un sens, leur dépit pouvait se comprendre : on avait pensé aux Corses pour la conscription et les charges héroïques, mais le jour de la distribution des prix, ils n'avaient même pas eu droit au lot de consolation ! Les nouveaux arrivants, pour leur part, remplissaient les critères d'attribution...

Comme pour faire oublier qu'ils avaient raflé un paquet de terres agricoles initialement promises aux exploitants insulaires, les frères Pignouf marchaient à la suite de ce Raymond Naphtali. Pendant que leur mentor cherchait plutôt à tempérer les ardeurs de ses militants, ces trois-là s'employaient au contraire à exciter les plus belliqueux. Ils trouvaient là un formidable débouché pour leurs petits trafics avec d'anciens comparses, tout disposés à leur fournir des pistolets-mitrailleurs dans les caisses de semences. Les Rimigni œuvraient non pas à la manière des partisans de base mus par la fibre régionaliste (et habitués à se prendre des coups dans les manifs) mais en s'imposant d'emblée comme le bras armé de la révolution corse. En fournissant de l'artillerie lourde à quelques paysans ulcérés de s'être fait déposséder de ces terres à malaria destinées aux héritiers du sexe faible, les frères Rimigni marquaient de précieux points. Ils gagnaient en influence et ne désespéraient pas d'agrandir leurs exploitations au détriment d'autres rapatriés, dépourvus de patronyme insulaire et surtout moins rusés qu'eux. L'aîné de la fratrie, prénommé Victor, était en cheville avec d'anciens barbouzes, des marchands d'armes capables de fournir à tous les frénétiques du coin une gamme d'artillerie allant du Beretta au lance-roquettes.

En raison de ces trafics, et aussi de son activité annexe de tenancier de caboulots, le vieux Totor était dans la ligne de mire des condés du coin. Depuis son arrivée dans ce pays ami, le Brigadier Beauger s'était employé à collecter une foultitude d'informations accablantes à mettre au passif du patriarche. Il ne lui restait plus qu'à l'interpeler en flag' et c'était vendu. Pris la main dans le sac, Totor n'aurait plus qu'à coopérer s'il ne voulait pas écoper. À tous les coups, il cracherait au bassinet. Le Gros Beauger obtiendrait des noms, les dénonciations contre l'arrêt des procédures iraient bon train et tous ceux qui gravitaient autour de cette organisation naissante feraient l'objet d'un fichage en règle (ça faisait déjà un bail qu'un fichage plus officieux avait été effectué, mais il était difficile de se procurer ces informations relevant du Ministère de l'Intérieur).

Le bouillant Brigadier avait décidément pensé à tout. Puisqu'il était le bras armé d'une organisation autonomiste naissante, il fallait donc contrôler le dénommé Victor Rimigni. Le tenir en laisse mais surtout ne pas l'incarcérer. Une telle décision, de nature à donner des ailes à ses rivaux, aurait été irresponsable.

Les irascibles et les têtes brûlées étaient légion ; certains se montraient prompts à rechercher la confrontation, attendant que la situation dégénère pour se faire un nom. Et la Corse, qui rêvait d'émancipation comme un ado en pleine phase Cléarasyl, n'avait pas besoin de quoi que ce soit qui puisse exciter les ardeurs de quelques irascibles prêts à se disputer la suprématie ! Il convenait donc de se montrer prudent, d'agir avec circonspection et clairvoyance. En confondant le Totor, en lui mettant le mors entre les dents. Mais discrètement. S'agissait pas de dire à la face du peuple que le principal pourvoyeur d'armes de la région était désormais sous contrôle. Il fallait plutôt la jouer fine, voir en lui un indicateur, sinon une balance potentielle. Hélas, ce bourriquot de Casanova venait de vendre la mèche !

En vieux renard, Beauger avait immédiatement mesuré les conséquences de cette parole mal dite, et la contrariété lui avait lancé des couteaux dans l'estomac. Comme si ça ne suffisait pas, il était en train de se prendre la rouste à la contrée. Ça allait lui coûter bonbon, car pour une fois il avait accepté de miser des sous. Ce n'était pas dans ses principes, mais il s'était laissé aller. Histoire de se la jouer couleur locale, et dans le but se faire accepter par ses gars qui le traitaient de « Gros *Pinzutu* » dès qu'il avait le dos tourné. Maintenant qu'il avait engagé son nom et sa parole, le Brigadier Jean-Claude Beauger ne pouvait plus se dédire sans craindre pour sa crédibilité. Il venait juste de friser le capot.

Avant de perdre ses dernières plumes, le Poulet en Chef mit fin à cette revanche mal engagée. D'autant que son équipier, un jeune commis nommé Gabriel Vasquèz, avait la guigne (une de ces guignes !) à défaut d'avoir les belins.

Fronçant ses sourcils incultes, le Brigadier se délesta d'espèces sonnantes en compensation de tous les jetons que lui-même (et le poissard qui lui servait de partenaire) venaient de perdre. Puis il claqua la porte du bar, jurant ses grands dieux qu'il ne remettrait les pieds dans ce lieu de perdition avant d'avoir réglé cette affaire.

Accoudés au vieux zinc, les gars du village pensèrent que le gradé de la Maison Poulaga s'était monté les nerfs à cause de cette dérouillée d'anthologie, infligée par ses subalternes. Deux gendarmes du cru, des « modérés » nommés Ange Casanova et Jean-Etienne Pantanacce. A dix centimes le pion, leur supérieur venait de se faire délester d'un billet de dix mille (à cette époque, on regrettait encore les anciens Francs). Après une peignée pareille, il y avait de quoi se fâcher tout rouge. Mais la porte du bar venait de claquer pour d'autres raisons encore, des motifs autrement plus préoccupants. À cause de cette bourde, cette indiscrétion entachant le secret professionnel, le jeune Gabriel Vasquèz (un *pumataghju,* ramasseur de tomates travaillant pour le compte des frères Pignouf) était à présent au parfum.

Beauger ne décolérait pas. Fallait-il que son subordonné parle d'une affaire en cours à ce jeune commis de ferme ? Un saisonnier dépourvu de tout bagage, mais plein de bon sens. Quel usage ferait-il de cette information valant son pesant d'or ? Le Brigadier avait du mal à le cerner. Mais il avait ouï-dire que le jeune Vasquèz était venu en Corse pour fuir certains problèmes. Il décrocha donc la corne de bakélite et fit tourner le cadran à crécelle. Au bout du fil, la Gendarmerie des Saintes-Maries-de-la-Mer. Quand il apprit que cette demande de renseignement concernait un certain Gabriel Vasquèz, le collègue des Saintes ne sembla guère étonné. Il se montra très volubile, comme si ce jeune faisant rarement sa toilette n'était pas en odeur de sainteté du côté de la Camargue...

Celui que tout le monde ici surnommait « le glébeux » était le fils d'un anarchiste espagnol venu s'établir dans la région de Montauban. Avant de débarquer en Corse, le dénommé Gabriel Vazquèz avait entrepris divers travaux saisonniers, s'essayant à la culture des tomates à Marmande, au ramassage des bigorneaux en Bretagne, à la récolte du riz en Camargue. Rompu aux travaux pénibles, ce trapu au teint bistre semblait apprécié par ses employeurs, du moins il était assez malin pour faire illusion le temps d'une cueillette. Le reste de l'année, il vaquait à son activité favorite : pointer au chôme-dû. D'après le Brigadier des Saintes, ce jeune sympathiquement désœuvré passait le plus clair de son temps à traînasser avec des gitans martyrisant les tympans des braves riverains en jouant du tam-tam sur sa guitare. En clair, il faisait la manche. Cette fâcheuse manie lui était venue après sa rencontre supposée avec le grand Manitas de Plata. Le *pumataghju* s'était donc fait remarquer pour tapage nocturne et mendicité. Quand ils l'avaient emmené au poste, Gabriel s'était défendu de traîner avec les voleurs de poules, tout en reconnaissant volontiers qu'il avait sympathisé avec une bande de beatniks. Il y avait bien quelques Gypsies parmi eux, mais le Brigadier reconnut que c'était « dur de s'y retrouver », car ils étaient tous « plus cradingues les uns que les autres ». Ces « pouilleux » salopaient tout le littoral entre les Saintes-Maries-de-la-Mer et Beauduc. Les maires de ces communes avaient déposé une main courante, et des riverains ulcérés étaient sur le point de lever la leur contre les sagouins. Le Préfet avait fini par s'en mêler, et la plaisanterie s'était terminée à grand renfort de pelleteuses, de gaz lacrymos et de coups de matraque. Les gueux avaient déguerpi, après avoir fait l'objet d'un encerclement, d'un contrôle d'identité assorti de fouille au corps et d'un signalement. Manifestement, le jeune Vasquèz était passé entre les gouttes. Sans doute à cause de cette histoire devant le tribunal correctionnel.

Beauger, qui aimait bien le croustillant, n'eut même pas besoin de remettre des pièces dans le juke-box. Son bouillant collègue, remonté comme une pendule, avait prévu de lui passer la version longue. Et pour cause : le jeune Vasquèz avait fait capoter une de leur enquête soigneusement bâclée. En témoignant lors d'un procès, il les avait fait passer pour des faisans. Il s'agissait d'une banale affaire de vol à l'étalage, incriminant Paco et Manolo, deux gitans connus des services de police pour des délits mineurs. Persuadé de leur innocence, Gabriel s'en était mêlé allant jusqu'à livrer une version des faits contraire à celle des gendarmes assermentés. Il était monté à la barre, démontant les accusations des poulets et plaidant en faveur des voleurs de poules. Au moment des faits qui leur étaient reprochés, ces derniers jouaient de la guitare en sa compagnie, ce qu'attestèrent de nombreux témoins venus les écouter, toute l'assistance en fait. Il avait fallu faire évacuer la salle et les deux fâcheux n'avaient pas tardé à être relaxés. Un barouf qui n'avait pas échappé à un journaliste de province. Le baveux n'avait pas fait dans la demi-mesure, présentant ce redresseur de torts comme un « justicier des temps modernes », « pourfendeur de l'erreur judiciaire ».

Après l'affaire du tribunal, les gitans l'avaient à la bonne. Ce n'était pas le cas des fils de Harkis qui avaient été accusés à leur place. Peu après, des heurts avaient opposé les deux communautés. Un nez avait été cassé, quelques molaires avalées, il y avait même eu deux caravanes incendiées. D'après le Brigadier Jeandillon, en poste depuis cinq ans à la Gendarmerie des Saintes-

Maries-de-la-Mer, c'est sans doute à ce moment-là, début 72, que le dénommé Vasquèz (dans le collimateur des Bleus depuis un bon moment) avait décidé de traverser la Grande Bleue pour se mettre au vert. Au lieu de ça, il s'était occupé de l'affaire des boues rouges !

À présent, le Brigadier Beauger connaissait tout le pédigrée de son équipier du jour, le jeune Gabriel Vazquèz. De prime abord, ce jeune cueilleur sans envergure avait tout du gentil garçon. Du chic type à qui on donnerait le bon Dieu sans confession. Seulement voilà, cette image ne collait pas avec son passé. En plus, son père n'était-il pas fiché comme anarchiste ? Certes, il avait succombé très jeune, victime d'une bombe artisanale de sa fabrication. Ce dangereux terroriste, ennemi juré de l'ordre établi et de Franco, ne s'était pas occupé de sa progéniture, il était disparu trop tôt pour semer de mauvaises graines dans l'esprit de ce jeune un tantinet désœuvré. Restait l'atavisme...

Depuis son arrivée en Corse, Gabriel s'était mis à bosser sérieusement. Il avait même décroché une place à l'année, et jusque-là aucun grief ne pouvait lui être reproché. Mais il y avait un hic : ce jeune avait décidément un passé douteux. De plus, il n'avait pas froid aux yeux. Assez de cran pour venir témoigner à la barre et contredire les thèses de la maréchaussée. Pas de doute, on avait bien affaire à un dangereux idéaliste !

Gabriel posait problème. Maintenant qu'il avait les cartes en main, comment allait-il jouer ? Allait-il ressortir son petit numéro de justicier n'ayant pas froid aux yeux ? C'était à craindre. Beauger envisagea même un autre scénario, encore pire. Et si ce jeune commis avait de vieux comptes à régler avec les frères Rimigni ? Cette brochette de margoulins, réputés pour payer leur personnel au *cacciafrù*, avait bien du mal à soigner sa réputation. Et si le jeune Vasquèz, faisant preuve d'une velléité déplacée, allait les voir pour monnayer l'information ? À tous les coups, les frères Pignouf n'en resteraient pas là et l'affaire tournerait au vin de la plaine dont on disait que c'était du vinaigre. Jusqu'où ces margoulins prompts à défourailler pouvaient-ils aller ? Et si le gamin, au lieu de les faire chanter, allait voir les baveux ? Si l'idée lui venait, pour régler de vieux comptes, de tout déballer sur la place publique ? Là, il y aurait sûrement du grabuge. Les équilibres économiques et politiques seraient alors rompus, et la bande dite de la Rascasse (du nom du bar que ses membres fréquentaient) tirerait les marrons du feu, cherchant à évincer ses rivaux. Sauf qu'avec ces têtes brûlées, ça ne serait plus la même musique. Au lieu d'être confrontée à une clique pagailleuse et hétéroclite liée au mouvement régionaliste, les képis seraient alors aux prises avec une mafia autrement plus redoutable, liée au grand-banditisme.

La petite brigade de Castellu-di-Casinca ne tarderait pas à être dessaisie du dossier et la cellule antiterroriste débarquerait sur des platebandes trop délicates pour leurs gros sabots. Le mouvement régionaliste, dans le collimateur de l'Élysée, serait promptement démantelé. Donc radicalisé par son entrée en clandestinité. Dans le même temps, la pègre (qui avait mieux à faire que de se mêler de politique) en profiterait pour replacer ses pions. Pour élargir son territoire, tout en bénéficiant d'une grande complaisance de la part des Renseignements Généraux. La situation deviendrait délétère et tôt ou tard, on irait au clash ! Ceux de la Grande-Plouquerie voisine, qui donnaient tant de fil à retordre à la Gendarmerie de San Petru, ne tarderaient pas à venir se frotter à la bande dite des « Casincais ». L'embrasement serait alors inéluctable. Et ce n'était pas tout ! Qui sait si les vieux de la Citadelle (qui considéraient toujours la plaine orientale comme la limite de leur territoire ; d'ailleurs ils y avaient encore quelques caboulots bien fréquentés) ne feraient pas intervenir « Le Parrain » ? Ou pire encore, son porte-flingue alias « Le Tatoué » ? Un maori connu pour son extrême sauvagerie. Les bandes rivales se déchaîneraient et, dans cette surenchère, l'île entière sombrerait dans le chaos.

Le Brigadier, à la rigueur alsacienne, avait beau retourner le problème dans tous les sens : cette quiche de Casanova avait perdu l'occasion de se taire ! Il ne décoléra pas de toute la soirée. Et même, il ne ferma pas l'œil de la nuit. Inquiet que Gabriel, ce jeune écervelé, n'aille commettre l'irréparable. En parlant de ce qu'il ne faut pas, avec les mauvaises personnes qui plus est.

Beauger se leva aux aurores. Se présenta au domicile du gendarme Casanova, tambourina à la porte et lui intima l'ordre de se rendre d'urgence à la caserne. Avec injonction de ne plus parler de cette affaire, sous aucun prétexte !

Seulement voilà, le temps de consigner ce bavard impénitent, il était déjà neuf heures passées. On perd vite le rythme dans cette gendarmerie de village, conçue pour surveiller le Sant' Anghjulu...

II

Levé à la fraîche, Gabriel se rendit sur son lieu de travail flanqué de son frétillant compagnon et une bonne demi-heure d'avance sur l'horaire habituel. Quand Mascarò flaira l'odeur de la poudre, il détala en couinant sa mère, et remonta au village sans demander son reste. Gabriel n'eut alors aucun mal à découvrir les caisses de munitions. Elles dormaient dans un *pagliaghju*, dissimulées sous des lauzes fraîchement déplacées, ce qui n'était pas très futé ! Gabriel eut plus de mal à dénicher les fusils d'assaut, planqués dans un fût d'huile dont le couvercle avait été descellé et sommairement remis en place. Quant aux pains de plastic, ils avaient été entreposés dans le coffre de la vieille Aronde, une épave qui dormait au fond de la grange. La guimbarde était recouverte de toiles d'araignées, sauf la partie autour du coffre ce qui ne manquait pas d'attirer l'attention. Il avait fallu ouvrir la serrure avec une épingle à nourrice et Gabriel avait perdu un précieux temps. Persuadé qu'il lui restait d'autres lièvres à lever, il prit un outil pour faire croire qu'il bossait et s'en alla aux champs. Il restait sur sa faim, mais il en savait assez pour tuyauter ses acolytes, les gendarmes Casanova et Pantanacce avec lesquels il jouait aux cartes.

Lorsque le contremaître, étonné de voir le jeune animé d'une telle ardeur matinale, lui demanda quelle mouche l'avait piqué, Gabriel ne se démonta pas. Il expliqua qu'il faisait des heures sup non payées car il briguait une promotion. À propos, il souhaitait rencontrer ses patrons sur le champ, ou même dans leur bureau.

La nouvelle fit l'effet d'une bombe. Le contremaître en référa à Jean-Battì (le cadet de la fratrie) qui s'en alla tout de go voir le Totor. Le jeune Vazquèz réclamait un entretien avec ses employeurs. Puisqu'il avait déjà le CDI (à défaut d'être le plus travailleur c'était l'un des seuls ouvriers pourvus de papiers et d'un certificat de nationalité française) les frères Pignouf ne parvenaient pas à s'expliquer une telle outrecuidance. Ils prirent donc cette menace très au sérieux. À l'évidence, ce petit malin savait des choses. Peut-être même était-il tombé sur un stock de munitions entreposé dans quelque *pagliaghju* avoisinant. Ou bien il avait découvert ce qui se cachait sous la réserve de bois. Quoi qu'il en soit, il était devenu dangereux. À tous les coups, il cherchait à monnayer l'information. Et pourquoi pas, à les faire chanter. En même temps, c'était pratiquement leur seul ouvrier déclaré, et sa disparition donnerait forcément lieu à une enquête. Les trois péquenots étaient perplexes.

Finalement, le vieux Totor trancha la question :

– On va d'abord le faire causer. Il faut savoir ce qu'il nous veut. Ce qu'il sait, surtout. S'agit pas d'aller trop vite en besogne. Quand même, on n'a pas affaire à un moricaud.

Les deux autres opinèrent du chef.
Le patriarche prit alors un air grave, et lâcha :

– Mais attention ! Je tiens à vous mettre au parfum : s'il en sait trop, j'appelle qui vous savez.
– Les Casincais ?! s'exclamèrent les deux autres.
– Enfin, réfléchissez un peu ! Les casincais sont nos meilleurs clients. Pourquoi j'irai leur faire ce genre de confidences ? »

Les deux frangins acquiescèrent. Convenant qu'il ne fallait surtout pas risquer de perdre ce marché juteux en confiant à leurs meilleurs acheteurs certaines difficultés internes qui seraient bien vite résolues. Grâce à « Qui vous savez ».

En réalité, les deux *intrunati* ne savaient rien du tout : au lieu de divulguer l'identité du tueur à gages, Totor jouait le mystère. Au bout d'un moment, voyant que ses crétins de frérots ne devineraient pas, il lâcha :

– Je voulais parler de l'Affreux. Du Tatoué. De Kanak, quoi ! »

Une frappe de sinistre réputation. Depuis que Jojo Le Parrain croupissait au Château des Baumettes, cet ancien rugbyman – suspendu à vie pour violence à l'encontre du corps arbitral – avait repris en main les affaires de la Bande de la Citadelle. Il gérait son portefeuille à la mode maorie : plutôt que de faire parler la poudre, il préférait user de ses poings. Il ne dédaignait pas non plus l'arme blanche, et n'avait pas son pareil pour amputer la liste des débiteurs. Devant la stupéfaction de ses deux frères, qui auraient presque pu prendre la défense de Gabriel vu la cruauté de la mesure, Totor crut bon d'ajouter :

– Attention, hein ! S'il ne sait rien, on le garde. Mais s'il en sait trop, sachez que ma décision est prise.

Il avait asséné cela en les fixant, défiant quiconque de le contredire. Puis il ajouta, sur un ton plus consensuel :

– Vous comprenez, si ce *pumataghju* est devenu trop curieux, on ne va pas pouvoir le laisser fouiner plus longtemps. Et je ne pense pas qu'il demande à nous voir juste pour réclamer une augmentation...

Le reste de la fratrie acquiesça. La messe était dite.

☙❧

– Alors Vasquèz ? Y paraît que t'aurais demandé à nous causer ?

– Euh... Oui Patron.

– Ben tu vois, c'est pas compliqué. Y suffisait de nous demander.

– Je vois. Merci de me recevoir.

– Bon. On va arrêter les palabres. Maintenant que tu nous as dérangés tous les trois alors que c'est pas le travail qui manque, j'espère que t'as quelque chose d'intéressant à nous dire.

– Bè... Je ne sais pas si ça va vous plaire mais...

– T'inquiète. Toi, c'est pas comme les autres. Tu es notre seul ouvrier français. Et comme on est de bons patriotes, toi au moins, tu peux nous parler d'égal à égal.

– C'est à dire que...

– Allez, raconte ! Qu'est-ce que tu sais sur nos affaires ?

– Sur vos affaires ?

– Ben oui ! Puisqu'on te le demande.

– Eh bien... La saison des clémentines a été bonne, les greffes sur les kiwis ont pris, les premiers pieds commenceront à donner dans quatre ou cinq ans. Et pour les vignes, j'ai appris que l'AOC allait se mettre en place dès l'an prochain. En somme, les affaires vont plutôt bien, non ?

– On verra, on verra. Inutile de s'emballer. Et pour les caboulots, tu sais quoi ?

– Quels caboulots ?

– Allez gamin. Tu vas pas nous dire que tu connais pas les lieux bizarres. Tu en as un en bas de chez toi, juste entre l'église et le catéchisme.

– Je vous assure que je ne connais pas l'endroit.

– ... (Regard suspicieux des trois tauliers).

– Vous savez, j'ai intérêt à filer droit. Rapport à ma logeuse qui m'attend chaque soir à la même heure.

– Pourtant, une fois t'es passé devant le caboulot, même que t'as regardé par la fenêtre. Et viens pas nous dire le contraire : on t'a vu.

– Ah, c'était un caboulot ! Je regardais car j'étais pas vraiment sûr. En fait, je croyais que c'était juste un bar.

– N'empêche que t'as sacrément lorgné derrière la vitre.

– Juste une fois. Mais ne le répétez pas, hein ! Si

l'*Ébréa* l'apprend, elle m'arrache les yeux.

– Justement, j'ai ouï-dire que tes yeux, tu les laissais un peu trop traîner, ces derniers temps. Tu vois de quoi je veux parler ?

– Bè... J'vois pas, non.

– Allez. Comme je viens de te le dire, à nous tu peux tout raconter. Alors ? Qu'est-ce que t'as trouvé de si intéressant, à fouiner dans la grange ?

– Je cherchais une paire de tenailles. Pour refaire les palissages. Mais à part de vieux outils rouillés (de temps en temps, faudrait quand même les remplacer) j'ai rien trouvé de spécial.

– C'est sûr ?

– Ié. Regardez comme elles sont rouillées.

– T'es quand même pas venu là pour nous faire une demande de dotation ?

– Bè... Pas seulement, non.

– Alors dis-nous : pourquoi t'as demandé à nous parler ?

– Bè... C'est à dire...

– Allez. Accouche. Quel bon vent t'amène ?

– C'est en rapport avec la Convention Collective.

– La quoi ?!

– La Convention Collective.

– Tu connais ça, toi ?

– Bè... Oui. C'est José, le facteur, qui m'en a parlé.

– Le facteur ? Mais c'est pas ses affaires ! Et d'abord, qu'est-ce qu'il vient faire là, lui ?

– On taille parfois la bavette quand il vient nous porter le courrier. Et comme il s'y entend en droit du travail...

– Un coco pareil, ça ne m'étonne pas de lui ! Et tu sais lire au moins ?

– J'ai quitté l'école très tôt. Mais l'*Ébréa* m'a réappris à lire. Paraît que je me débrouille.

– Et qu'est-ce qu'elle raconte, ta Convention Collective ?

– Que normalement, je devrais être mieux payé.

– Tu veux rire ?! T'es l'un des seuls à avoir un contrat de travail. Un CDI, en plus !

– Oui, d'ailleurs je tenais à vous en remercier. Mais maintenant, j'ai deux ans d'ancienneté révolus. Je devrais donc passer ouvrier qualifié. C'est marqué dans les textes.

– Tu te moques de nous ?

– Non Patron. J'ai demandé à vous parler car je peux prétendre à une promotion. C'est marqué dans les textes.

– Et... C'est tout ?

– Ben oui. C'est déjà pas mal, non ?

– Je confirme...

– ...

– C'était donc ça ? T'es venu nous enquiquiner juste pour nous réclamer une rallonge.

– Une promotion, pas une simple augmentation.

– Rien que ça ? Et quoi d'autre ?

– Bè... Rien, pourquoi ?

– ... (Mine incrédule des trois patibulaires).

– Ah si : il faudrait juste faire un petit rattrapage. Parce que vous comprenez, ça fait bientôt trois mois que j'ai l'ancienneté requise, et en principe...

– On s'en fout de tes principes ! Et sinon ? Quoi d'autre ?

– Euh... Sinon quoi ?

– Admettons qu'en cherchant tes outils, t'aies vu des choses que t'aurais jamais dû voir. Je dis bien admettons. Dans ce cas-là, quel serait ton prix ? Si t'es prêt à fermer les yeux, dis-moi le prix que tu veux. Si c'est juste une question d'argent, on va bien finir par tomber d'accord.

– Désolé... J'ai rien vu de spécial. Tout ce que j'ai fini par trouver, c'est une vieille paire de tenaille. Toute rouillée. Faudrait quand même la remplacer. Ah oui, tiens, puisque vous insistez j'ajoute ça dans la liste de mes revendications.

– Et sinon, t'as rien d'autre à nous dire ? Ou à nous montrer, peut-être ?

– Puisque vous y tenez...

– ...

– Voyez, José m'a ramené ça du syndicat.

– *Cosa hè* ?

– C'est un extrait de la Convention Collective. Ça montre que je remplis les critères pour passer ouvrier agricole qualifié. Tenez, regardez c'est marqué là.

– Pas la peine, Vazquèz : on te croit sur parole.

– ...

– Donc, t'es juste venu là parce que l'autre coco t'a monté le bourrichon ?

– Ben... Oui. Et aussi parce que j'arrive pas vraiment à joindre les deux bouts. A mon âge, vous comprenez, j'aimerais bien avoir mon indépendance.

– T'as besoin d'un logement ? Si c'est que ça, on peut te loger. On a besoin d'un gardien, au-dessus du tripot.

– Non merci. Je suis bien, chez l'*Ébréa*.

– Alors tu veux quoi ? Si on t'augmente, tu vas en faire quoi de tout cet argent ?

– Déjà, je vais m'acheter une mobylette. Comme ça, j'arriverai plus vite dans les champs. Et le soir, je pourrai remonter au village sans me fatiguer.

– Et à part ça ? Tu veux quoi d'autre ?

– Bè... Une mobylette ça me suffit. J'ai pas de gros besoins vous savez.

– Vrai ?

– Je vous demande une promotion avec effet rétroactif, c'est déjà pas mal, non ?

– En effet !

– ...

– Bon. On va en discuter tous les trois. On te tient au courant dans la semaine.

– Ben... Merci Patron.

– Assez causé. Retourne travailler, maintenant.

– Et pour le rattrapage, je le saurai quand ?

– T'inquiète. D'une manière comme d'une autre, tu le sauras bien assez tôt...

III

Après ce conciliabule, Gabriel travailla d'arrache-pied, comme pour faire oublier son impertinence matinale ayant causé la perte d'un quart d'heure de travail. Il passa le restant de la journée à refaire les palissages avec une paire de tenailles affutée comme les genoux de sa logeuse. Le commis de ferme – qui n'avait rien contre les petites vieilles et qui savait écouter la prière avant de manger poliment sa soupe – rentra à l'heure habituelle pour avaler le divin potage. Puis il monta dans sa chambre, se reposer. Il sauta par la fenêtre et se rendit au bar du *Cignalu* pour siroter quelques verres de myrte et une petite *fragola*, en excellente compagnie. Au cours de la soirée, il rapporta tout ce qu'il savait aux dénommés Casanova et Pantanacce, Gendarmes Modérés. Avec la gaffe monumentale qu'ils avaient commise en sa présence, comme pour l'aider dans sa propre enquête, il leur devait bien ça...

Gabriel ignorait juste qu'une telle indiscrétion risquait bientôt de sceller son sort. Si les Bleus décidaient d'exploiter ces précieuses informations pour prendre les frères Pignouf la main dans le sac, il y aurait des conséquences. Les *gougnafiers* risquaient de se retrouver en cabane par sa faute et le Totor lui rendrait un chien de sa chienne. Il lui ferait payer le prix fort pour toutes ces journées de travail perdues. Même derrière les verrous, cette clique de malfaisants n'était pas hors d'état de nuire. Totor était tout à fait capable de mandater Kanak le Tatoué ou quelque tueur à gage de sa connaissance. Avec les belins, tout était possible. Si l'on s'attaquait à leurs petits trafics, les frères Pignouf ne manqueraient pas de faire un exemple. Ce n'était tout de même pas un simple commis de ferme qui allait se mettre en travers de leur chemin !

De leur côté, les Bleus avaient bien envie de se faire mousser auprès de leur hiérarchie. Néanmoins, par égard pour Gabriel, ils hésitaient à en référer...

IV

Estimant qu'ils n'avaient rien à gagner à révéler la chose à leur supérieur, un continental fraîchement débarqué qui avait commis un abus de pouvoir caractérisé en les consignant toute une journée à la caserne, les deux flicards de base décidèrent de mettre l'affaire sous l'éteignoir. S'ils étaient poulagas avant tout, ils n'en étaient pas moins corses pour autant. En tant que corses, ils avaient leurs raisons de laisser perdurer ce petit trafic.

Depuis quelque temps déjà, leur île était la cible de gens peu scrupuleux, tels les « Ignobles » d'Aléria. Des maquignons de la viticulture qui, disait-on, faisaient du vin avec de vieux pneus. L'affaire avait été éventée par un certain Raymond Naphtali, droguiste à Bastia, étonné de voir des viticulteurs de Cateraghju lui commander d'énormes quantités de produits chimiques. Un jour ou l'autre, les choses tourneraient mal. Ou bien les gens d'ici finiraient avec un gosier perforé, rapport aux fûts d'acide servant à élaborer le doux nectar, ou bien ces maquignons sauteraient avec leur laboratoire clandestin situé au beau milieu de la plaine orientale. Les deux poulets, qui jouaient aux cartes avec des tas de gens respectables comme les meneurs de l'Association des Récoltants Cueilleurs (avec lesquels ils avaient bien sympathisé), convinrent que tout bien considéré c'était plutôt une bonne chose si les Corses pouvaient se procurer l'arsenal nécessaire pour faire le ménage dans leur vignoble. Ici, on a le sens du sacré. Et on ne plaisante pas avec le vin de messe.

Apprenant que son enquête avait été superbement ignorée, Gabriel s'en trouva fort dépité. Il eut du mal à avaler la pilule, mais pas le sacro-saint repas dominical qu'il prit avec Santa au *Fucone di Mamò*. A l'heure où les *puttachjoni* étaient encore aux vêpres, le glébeux et sa mère adoptive s'étaient *chaqués* une douzaine de beignets (au *formage* frais, aux oignons de Siscu, aux fleurs de courgettes, au *brocciu* à la menthe) avant de s'avaler un *pastizzu* de macaroni pour Gabriel et un cabri en sauce pour l'*Ébréa*, avec une daube et de la *fragola* qui rend fou pour faire couler le tout. En dessert, les deux gourmets s'étaient sustentés d'une tarte paysanne accompagnée d'un *fiadone*. Avec liqueur de myrte à volonté pour arroser le *fiadò* qui était juste un petit peu sec. En rajustant son chignon, Santa laissa échapper une formule de satisfaction :

« C'était presque trop copieux ! »

Et cette vieille dame à l'éducation sévère n'avait pas l'habitude de faire des compliments.

Alors Gabriel se jura que pour amadouer sa vénérable logeuse, il l'emmènerait tous les dimanches midi se restaurer au *Fucone di Mamò*. C'était quand même meilleur que sa gamelle de chantier, ou les sandwichs tout préparés qu'il achetait parfois chez Roccu, à l'épicerie du village (qui faisait aussi coiffeur le jeudi et dépôt de gaz, autant de prestations qui pouvaient s'avérer utiles). Gabriel et sa mère adoptive partageaient la même passion pour la gastronomie, pourvu qu'elle soit du terroir. Rien de tel qu'un rôti de sanglier au four pour se requinquer après une dure semaine, ça les changeait du potage de courge ou de fèves auxquels ils avaient droit les jours de semaine. Sauf le huit décembre qu'était quand même un jour pas comme les autres et où Santa sortait le grand jeu : elle faisait des *brilluli*. A part ça, les occasions de faire bombance n'étaient pas si nombreuses. Y'avait aussi la Saint Joseph, mais parfois la date était décalée à cause de la Semaine Sainte qui tombait en plein pendant la Saint-Joseph, même que Santa le déplorait car elle avait testé :

« En pareil cas, les *panzarotti* ne sont pas toujours bien frais. »

Alors tout compte fait, la seule valeur sûre, c'était le repas dominical. Chez la Toussainte, qui avait les dents du bonheur et qui tenait d'une main de fer la sacro-sainte enseigne « *U fucone di Mamò* ».

V

– *Ahù* Gaby, tu fais du surplace ?

– Hein ?

– Enlève ton casque, *o baullò* ! T'entendras mieux.

– *Chì c'hè* ?

– Je disais : elle se traîne, ta nouvelle mob.

– Normal : je suis en rodage.

– Waouh ! Tu t'es payé une mob toute neuve ! Avec des sacoches en cuir qu'on dirait du vrai skaï. Les affaires ont l'air de bien marcher, on dirait !

– Je confirme ! Même que si je vous racontais ce qu'il m'est arrivé, vous me croirez jamais.

– Dis toujours.

– Les frères Pignouf m'ont augmenté !

– *Va bè* ! Pour une nouvelle !

– Ba ben, comme vous dites ! Comme j'étais le moins bronzé de l'équipe, ils m'ont mis O.Q.

– Au cul ?

– Ouvrier Qualifié. En date du 1er mars. Du coup, j'ai même eu droit à un rattrapage.

– C'est bien ce que je disais : les affaires vont bon train !

– Pas autant que vous, Monsieur le Maire.

– Mais... Où tu veux en venir, mon garçon ?

– Hem... La commune n'aurait pas reçu des subventions, tout récemment ?

– Mais pourquoi tu dis ça, enfin ?

– Rapport aux plaques numérotées. Vous savez, celles que le cantonnier a posées sur *presque* toutes les maisons.

– T'as vu ça ? Notre village entre dans la modernité ! Comme ça, si jamais José continue de s'absenter (avec toutes ses réunions syndicales, bientôt il fait le touriste) le facteur remplaçant, même s'il est continental, pourra trouver facilement les adresses.

– Sauf s'il cherche la mémé Costantini...

– Enfin Gabriel ! L'*Ébréa* n'a pas besoin de plaque. Tout le monde la connaît, ici.

– C'est pareil pour les *puttachjoni*. Sauf que ça les a pas empêchées d'avoir une belle plaque toute bleue, à ces bondieusardes !

– Enfin, Gabriel, ne le prends pas comme ça. On a numéroté les maisons qui sont au centre du village. Mais vous, c'est différent. Comme vous êtes un peu à l'écart, on ne risque pas de confondre avec le voisin.

– Eh bien c'est réussi : comme ça on se sent vraiment à part !

– Bon. Il me reste deux plaques payées par la commune dont les administrés n'ont pas voulu. Si tu veux bien choisir parmi ces deux là, je dis au cantonnier de vous la poser dans la journée.

– Quels sont les numéros boudés ?

– La 13 qui porte malheur, et la 22 parce que ça fait flic.

– C'est bon. Je prends la 22.
– Pourquoi, tu veux faire flic, maintenant ?
– Mieux : je suis enquêteur, moi ! Autodidacte !
– N'importe quoi...
– Enfin Monsieur le Maire, vous ne me croyez pas ?
– Non.
– Alors tant mieux. Tant que personne ne soupçonne la nature de mes activités secrètes, au moins je ne risque rien. C'est Pantanacce qui me l'a assuré. Parce que lui au moins, il sait. Que je sais des choses...
– Crois-moi, Gabriel, tu ne devrais pas passer trop de temps à tailler la bavette avec les hirondelles.
– Alors vous me croyez, maintenant ? Même que ça vous dérange, que je sois en cheville avec les képis du coin.
– O Gaby, je t'ai jamais dit qu'il fallait se méfier de Pantanacce et de Casanova ! C'est des gendarmes modérés, hein, des gars de chez nous.
– *Umbè* ?
– Mais y'a pas que ça. Au-dessus d'eux, le Gros Beauger veille au grain. Et lui par contre, faut s'en méfier. Comme de la peste !
– A ce point-là ?
– Lui alors, il est capable d'aller au bar sans rien payer. Juste pour profiter des tournées générales, et repérer ceux de mes administrés qui se prennent une bordée de temps à autre. Même qu'un samedi soir, après avoir picolé avec eux, il s'est éclipsé sans remettre sa tournée. Et il les a attendus en bas de la route. Histoire de faire souffler dans le ballon tous ceux qui l'avaient abreuvé, et qui devaient regagner la plaine.
– *Avà* ?!
– Ne prends pas cet air étonné, je l'ai vu faire. Même qu'il était *briaccu à tappu*. Mais pour sortir le carnet de

contraventions, il avait encore de la ressource.

– *Ba ben* !

– Eh oui... Elle est belle, la Gendarmerie Nationale !

– Remarquez, ça risque pas de le reprendre de sitôt. Depuis qu'il s'est fait plumer à la contrée, le Gros Beauger ne remet plus les pieds au bar.

– Il s'est fait plumer ?

– Oui, par les deux autres.

– Comment ça, il s'est fait plumer par de simples poulets ?

– Une fois au bar, il n'y a plus de galon qui tienne. C'est Casanova qui me l'a dit, alors...

– Ils ont triché ?

– A peine. Casanova avait mis ses lunettes qui font miroir. Et Pantanacce faisait du gringue à la petite serveuse. Tu sais, celle qu'a un œil qui dit « bonne chance ! » à l'autre.

– Ah oui ! La pauvre gamine. En rigolant on l'appelle *Catalinetta*. Et alors ?

– Le Gros Beauger, ils l'ont complètement rincé !

– Mais toi, tu faisais équipe avec qui, déjà ?

– Avec Beauger. Pour le faire perdre.

– Drôle d'idée.

– Elle était pas de moi. C'est Casanova qui a tout arrangé.

– *Avà*... Ça t'a coûté combien, la plaisanterie ?

– *Nunda, nunda* ! Même qu'à la fin, c'est moi qui ai raflé les mises. Les deux autres ont trouvé ça tellement jouissif qu'ils m'ont laissé filer leurs gains. Et Casanova a remis la tournée générale.

– Sacré Casanova ! Lui, tu peux y aller : s'il n'avait pas fait flic, ça serait un bon, crois-moi. Quant à Pantanacce, ça ne m'étonne pas non plus de lui !

– Ben oui. C'est des bons gars. C'est pour ça que

quand ils tombent sur un os, je les aide un peu. Mais bénévolement, hein ! J'fais pas ça pour l'argent, moi.

– On dit ça. Ils te renvoient pas l'ascenseur ?

– Non pourquoi ?

– Dis-moi si je me trompe : les sacoches en cuir, c'est quand même grâce à eux, non ?

– Grâce à l'argent du Gros Beauger, surtout.

– *Va bè*...

– Il n'avait qu'à pas le jouer.

– Et l'*Ébréa*, elle sait que tu joues des sous ?

– Euh... Vaudrait mieux pas, non.

– Alors je vais te donner un conseil : arrête ces parties de cartes avec les deux *arsouilles*. Sans ça, tu risques de la porter aux clous ta mobylette.

– Vous croyez qu'ils me dépouilleraient ?

– Pas toi, ils t'ont à la bonne. Mais si jamais l'*Ébréa* apprend que tu joues des sous, elle est capable de mettre un antivol sur ta mob, et de jeter la clé dans la rivière.

– Je vois que vous la connaissez bien. D'ailleurs, vous devriez lui poser sa plaque sans tarder, Monsieur le Maire.

– C'est comme si c'était fait ! Dis-toi qu'à partir d'aujourd'hui, l'*Ébréa* habite au 22.

– Oui. Le glébeux aussi.

– Bien dit ! Le glébeux habite au 22. Ça ne nous dit pas si l'assassin crèche au 21, mais ça sonne bien.

– Mais pourquoi vous parlez d'assassin ?

– Oh Gaby, t'y as pas lu le journal ce matin ?

– Nan. De quoi voulez-vous parler ?

– De ce règlement de compte qui s'est passé en plein Bastia. C'était en première page du Provençal-Corse ! T'y es pas tombé dessus ?

– Pas encore. Je lis toujours le journal de la veille.

Quand il est gratuit. Ça s'est passé où à Bastia ?

– Du côté de la Citadelle.

– Ça tombe bien : j'ai un copain qui tient un bar juste en face. Le bar Chez Tony, sur la *Piazza d'À*. D'ailleurs, j'y passerai bien une petite semaine. Ça fait longtemps qu'il me demande un coup de main.

– Tu as pris des congés ?

– Mieux : je me mets en absence injustifiée. Vous comprenez, j'ai d'autres ambitions que de rester à demeure chez les frères Pignouf. Je vise le chôme-dû, moi !

– Enfin Gaby ! Tu as ton travail juste en bas. Les Rimigni viennent de t'offrir un pont d'or.

– Et l'pont d'or passa !

– Réfléchis bien. Tu as une place à l'année. En plus, ils viennent juste de t'augmenter.

– Ils l'ont fait pour avoir la paix. Mais depuis que je me suis lancé comme enquêteur autodidacte, la confiance n'y est plus. Je sens qu'ils cherchent à me coincer. Alors je préfère partir, et les quitter en bons termes.

– Mais t'y es fou !

– Pas autant qu'eux. C'est pour ça que je cherche à me faire licencier. Avant que ça finisse en eau de boudin.

– C'est malin... Tu avais le travail juste en bas ! Et tu vas travailler où, maintenant ?

– Pas un problème. Avec ma mobylette, je peux me déplacer.

– Jusqu'à Bastia ?

– Ben oui. Puisque le gérant du bar m'offre le gîte et le couvert. Comme ça, pas besoin de rentrer le soir. Je serai sur place pour mener l'enquête.

– Et tu vas faire quoi ?

– Limonadier. Ça me changera des kiwis et des clémentines. Et le comptoir, c'est la meilleure place pour recueillir des confidences.

– Tu veux vraiment enquêter sur ce meurtre ?

– Évidement ! Puisque maintenant je suis enquêteur.

– Mais ce n'est pas ton métier.

– Et alors ? Regardez le Gazélec Ajaccio. 4 fois champion de France amateur. Ils ont refusé la promotion et le statut professionnel, mais croyez-moi : ce sont des purs ! Plus dignes d'éloges que toutes ces vedettes de cinéma !

– Attention Gaby. La Citadelle, c'est le fief de Jojo. Et derrière lui, il y a Kanak. A ta place, j'y mettrais pas les pieds. Même pas le petit orteil...

– Et pourquoi j'aurais peur du Parrain ? Il passe le plus clair de son temps en cabane.

– Justement, il vient de sortir.

– Grand bien lui fasse ! De toute façon, ma décision est prise.

– *Chì testardu*, celui-là !

Touchez pas au glébeux !

I

Il était beau le glébeux, il était bien sur sa selle, le Gabriel. Il roulait à l'allure folle de soixante-dix kilomètres par heure sur sa nouvelle mobylette flambant neuve. Ses sacoches en cuir luisaient sous le soleil bienveillant du mois de mai, tandis qu'une brise légère faisait clapoter son bleu de Chine ouvert. Ça lui donnait un air de ces super-héros qu'on voit dans les bandes-dessinées américaines. C'était un oiseau ? C'était un avion ? Non, c'était le glébeux, notre super enquêteur du dimanche !

Gabriel avait quitté son village casincais quelques heures plus tôt, laissant derrière lui une *Ébréa* soucieuse et un boulot minable : celui d'ouvrier agricole dans l'exploitation tenue par les frères Pignoufs. Nonobstant sa récente augmentation (et même sa promotion en tant qu'Ouvrier Qualifié !) il avait préféré s'éloigner un temps des affaires pas très claires des frères Margoulins. Et puis... Il y avait cette histoire de meurtre à Bastia qui semblait pleine de mystères. Un article dans le journal rapportait qu'un corps criblé de balles s'était échoué sur la plage de Ficaghjola.

Le cadavre avait été découvert au petit matin par des pêcheurs. Pour l'instant, concluait l'article, la police locale n'excluait pas le suicide. Sans toutefois parvenir à expliquer que le corps soit criblé de balles. Ça sentait l'enfumage à plein nez.

Tandis que Gabriel était perdu dans ses pensées, son périple motocyclé prit fin lorsqu'il arrêta sa bécane devant le bar « Chez Tony » situé Place d'Armes. Le débit de boissons n'était pas tenu par un dénommé Tony mais par son ami Antoine. Ce dernier lui avait téléphoné quelques semaines auparavant pour lui offrir une petite gâche car la saison démarrait, et il avait besoin de serveurs plus ou moins déclarés. Le glébeux entra dans le bar sous le regard suspicieux et la mine crispée des habitués qui se demandaient bien ce que venait faire ici ce « *pumataghju* » vêtu d'un bleu de Chine cradingue et d'espadrilles usées jusqu'à la corde. Les visages se détendirent lorsqu'ils virent qu'Antoine, le patron, connaissait ce curieux personnage.

– O Gaby, mon coco, entre ! Je t'avais pas reconnu avec ton casque au bol et ta barbe de trois jours.

Gabriel afficha un large sourire et traversa la salle pour embrasser son ami.

Antoine était une personnalité dans le quartier de la Place d'Armes. On le surnommait « *U Dottore* » (le docteur) car il n'avait de cesse de répéter à qui voulait bien l'entendre que « l'alcool c'est le médicament de l'âme ». Et il en distribuait des ordonnances, assurément ! Quelque part entre ses cheveux poivre et sel et son appendice nasal proéminent, il avait toujours une oreille disponible pour ses clients qu'il appelait tous « Coco ». Il répondait souvent par un trait d'esprit, ou par une petite phrase qu'il empruntait aux philosophes de l'Antiquité, une de ses passions. Un adage intemporel librement adapté à la situation.

– Tu as accepté ma proposition mon coco, c'est bien ! déclara Antoine en tapant sur l'épaule de son ami. Viens je te montre vite fait ce que tu dois savoir et après on se boit un petit verre pour fêter les retrouvailles.

– Allez, faisons ça Antoine.

– Alors là, tu as les pastis. Les journées calmes, on en passe dix à quinze litres par jour. Les bouteilles de Damiani, tu me les gardes, je les remplis moi-même. Le Casanis, *lascia corre* : c'est inimitable. Ensuite, tu as dans l'ordre : la myrte, l'eau de vie et le *limoncellu*. Et là, tu as de quoi faire des whiskies coca, si jamais on te demande un cocktail. C'est bon pour toi Coco ?

– C'est parfait, répondit Gabriel.

– Allez viens Coco, on va se boire un verre de vin, et du bon hein ! Pas de cette bouillasse infâme faite avec des vieux pneus, d'ailleurs ça ne peut plus durer *sta storia*, un jour il y en a qui vont ouvrir la bouteille de Pandore je te le dis, moi. Enfin bref, *sitte amicu*. Y faut qu'on cause...

Après une heure passée à se donner des nouvelles des gens et à discuter de tout et de rien, Antoine proposa à Gabriel de lui montrer l'endroit où il serait logé.

– C'est juste au dessus du bar, tu verras, c'est petit mais quand les clients sont partis c'est tranquille. T'y as même une fenêtre, Coco !

Sur ce, ils avalèrent cul-sec le fond de leurs verres et se mirent en marche.

Avant de quitter le bar, Antoine se tourna vers un client assis au comptoir :

– O *Michè*, tu me surveilles le bar cinq minutes ? Le temps de monter en haut et de redescendre en bas.

Michè, charpentier de son métier, acquiesça d'un bref mouvement de tête pour signifier son accord. Ce n'était pas un bavard Michè, mais c'était un brave homme, il vivait non loin de là, rue Colonella, avec sa femme Maria et la dernière de ses filles pas encore mariée. Il venait de temps de temps boire un petit pastis avant de partir pêcher. Antoine se dirigea vers un portail jouxtant le bar qu'il ouvrit avec une grosse clef dorée et nos deux amis pénétrèrent dans une cage d'escaliers sombre et étroite aux marches en pierre inégales.

– Suis-moi c'est juste au-dessus, à *dirittu.*

Ils entrèrent dans un petit appartement. Le mobilier était rustique et solide. Un guéridon en marbre entouré de fauteuils tapissés occupait le centre de la pièce tandis que de part et d'autre du salon, un bahut en chêne massif faisait face à une *meria* surmontée de son napperon en dentelle. Un canapé en velours vert assorti aux tapisseries venait compléter le tout. Au sol, des tomettes bordeaux, partiellement recouvertes par des tapis épais.

Antoine désignant respectivement les portes en bois marron :

– Voilà, là tu as la chambre, le retrait fait office de salle de bain, et ici, même si tu vas pas y aller beaucoup Coco, c'est la cuisine. *Va bè ?*
– Ça me va.
– Et puis, *ti lu sape* Coco, hein, tu le sais, *sì in casa*. Tu fais comme chez toi ! Alors tu te sers, tu prends, tu demandes pas, tu fais comme chez toi. Et puis viens voir ça, Coco, ajouta-t-il en se dirigeant vers la fenêtre.
– Regarde la vue, *o zitè* ! Un spectacle pareil, ça vaut tout l'or du monde !

Joignant le geste à la parole, Gabriel pencha la tête par la fenêtre et lâcha un « *avà* ! » magistral. La mer, à perte de vue, magnifique, chatoyant sous le doux soleil de l'après-midi. Seuls quelques bateaux venaient creuser des rides à la surface de ce gigantesque miroir azur.

Sur la gauche, la citadelle. Forte de son âge, la vieille dame veille sur Bastia comme l'*Ébréa* veille sur son glébeux. Calme et solide, elle reste imperturbable aux affres du temps et aux changements d'époque. Et juste en contrebas, la fameuse plage de Ficaghjola, précisément là où on avait retrouvé le corps de la victime, quelques jours auparavant. Gabriel, profita de ce moment pour asticoter son ami Antoine :

– Dis moi Antò, ça serait pas en bas qu'un cadavre s'est échoué la semaine dernière ?
– *Ié, ch'é qui* Coco, lui confirma le patron du bar en esquissant un geste vague en direction de la plage.

Gabriel continua sur un air faussement innocent :

– Il parait qu'il avait la peau trouée pire que du gruyère français, c'est vrai ?
– C'est ce qu'on raconte, en effet, mais tu sais ici, ça va vite les rumeurs Coco.
– Ouais je sais, mais quand même c'est bizarre pour un suicide non ?
– *Umbè*, on verra bien. Tu sais moi, moins j'en sais mieux je me porte et tu devrais en faire autant Gaby.

Faisant fi de ce conseil amical, le glébeux enchaîna :

– Tu le connaissais, toi ?
– *Quale* ?
– Le mort, enfin !
– On sait pas encore qui c'est. Mais à ce qu'on dit, il parait que c'est quelqu'un qui vivait pas loin de là. Quartier du *Mercà*, il me semble. En tout cas, c'était pas un client à moi. Aucun des miens ne manque à l'appel. Enfin bref, de toute façon il paraît qu'ils vont construire un tunnel sur la plage. Sûrement qu'à Paris, ils se sont dit que c'était trop beau et qu'il fallait gâcher un peu le paysage. Je te le dis moi, il y a pas que le soleil qui ne brille pas là haut. Faudra qu'on le protège notre littoral dans les années à venir Gaby, écoute bien ce que je te dis !

Le glébeux acquiesça poliment aux digressions d'Antoine et se promit de reprendre les questions un peu plus tard.

– Bon allez, c'est pas tout, mais je vais redescendre au bar, c'est bientôt l'heure de l'apéro, je te laisse te détendre. Je vais pas te faire travailler dès ce soir, Coco. Ça te va demain matin ?

– *Bè*...

– A partir de dix heures ?

– C'est parfait Antoine, merci pour tout !

– *Di nunda* Coco. Ah, au fait regarde : là tu as le téléphone, tu peux m'appeler au bar si tu as besoin de quelque chose, je t'ai noté le numéro à côté. Évidemment tu peux t'en servir pour prendre des nouvelles de Santa, tu peux même essayer d'appeler Gaston si tu veux, mais je suis pas sûr qu'il répond Coco.

Riant de sa mauvaise blague, Antoine reprit le chemin du bar laissant Gabriel seul dans l'appartement. Après avoir déballé ses affaires et prit une bonne douche recroquevillé dans la baignoire sabot, le glébeux décida d'aller manger un morceau dans un des restaurants du Vieux Port. Comme ça, il pourrait en profiter pour se renseigner sur la victime et ainsi joindre l'utile à l'agréable. Il attrapa le double des clefs laissées par Antoine sur le guéridon, emprunta les escaliers (qu'il se jura de rendre) et se retrouva dehors. Pendant qu'il verrouillait soigneusement la serrure du portail de l'immeuble, on pouvait entendre un brouhaha de voix conséquent provenir du Bar « Chez Tony ».

« Eh ben » se dit Gabriel « l'apéro à l'air bien parti, ça va pas être de tout repos ce travail. Comme j'ai quartier libre, je vais aller m'aérer un peu.»

Il prit alors le cours Favale, en direction du Vieux Port. Longea les murs anciens de la citadelle jusqu'au quartier du Puntettu et décida de couper par le jardin Romieu, haut-lieu de rendez-vous des adolescents amoureux. Il dévala tranquillement, cigarette roulée à la main, les nombreuses marches en colimaçon pour atterrir sur le quai sud du Vieux Port. De nombreux bateaux de pêche et de plaisance mouillaient dans cette enclave en arc de cercle, bordée par de petits immeubles aux couleurs vives (pour que les pêcheurs puissent repérer leur maison en mer) dont le rez-de-chaussée était devenu, au gré du temps, un bar ou un restaurant. Sans oublier la superbe église Saint Jean-Baptiste, qui surplombait l'ensemble de sa douce autorité comme le maître d'école posant sur la photo de classe. Antoine lui avait parlé de ce restaurant à poisson « *U Pescadore* », c'était un ami à lui et il pouvait se présenter de sa part. Gabriel repéra l'enseigne située presque à la jonction des deux quais et s'y dirigea d'un pas nonchalant.

« Rien ! Que dalle ! *Nunda, nunda* ! » fulminait Gabriel en marchant d'un pas vif sur le chemin du retour. « Je sais qu'avec ma dégaine j'ai l'air d'un *pumataghju*, mais quand même ! Bon sang, c'est à peine s'ils m'ont lâché un sourire. Enfin bref, il est déjà presque minuit, je ferais mieux d'oublier cette histoire pour ce soir et de rentrer me coucher. Demain, j'entame une nouvelle carrière de limonadier, et je voudrais pas décevoir le Grand Antoine.»

En arrivant devant l'établissement, Gabriel remarqua que l'apéritif avait évolué en concours de chants traditionnels, les *paghjelle,* et plus exactement du *chjam'è rispondi* où deux groupes de chanteurs s'affrontaient dans un duel d'improvisation tandis que d'autres, moins mélomanes, se livraient avec enthousiasme, au terrible jeu de la *Morra*.

Il croisa un client qui avait certainement bu beaucoup d'eau, mais qui n'avait pas eu le cœur de l'en séparer du pastis. L'*imbriacone* titubait plus que de raison, manquant de trébucher.

– Oulà ! attention Augustin, se dit-il à lui-même, ne... te... T'en vas pas te casser quelque chose !

Antoine sortit à son tour :

– Tiens t'y as oublié ta casquette Coco ! Allez rentre te coucher, tu passeras me régler demain. Y fera jour.

– Mais b...bien sûr que je vais te payer, *o Maè* ! Tu crois que j'ai envie de finir *cume l'astru* de la semaine dernière ? Tu sais, celui qu'on a retrouvé ssu... Sur la plage ?

– *Zitu*, allez file Augustin, *aiò* ! Tu déparles, tu sais même plus ce que tu racontes.

Augustin regarda tour à tour Gabriel et Antoine d'un air gêné et répondit :

– Ouais... T'y as peut-être rai..raison. Je... Euh je dis n'importe quoi. Allez Patron, *a dumane*.

Le pauvre homme s'en alla rejoindre son lit dans une trajectoire des plus aléatoires sous le regard amusé de nos deux amis.

– J'en connais un qui va avoir mal au casque demain, lança Gabriel pour briser le silence.

– Augustin ? Oh t'inquiète pas pour lui, il a l'habitude. C'est un brave type.

– Je n'en doute pas, qu'est ce qu'il fait dans la vie à part se prendre des bordées ?

– C'est le patron du Garage *Piombù* situé sur l'ancienne rue de l'Opéra, rue Campinchi, juste en face du cinéma le Régent. Tu peux aller le voir en toute confiance si tu as besoin de faire quelque chose sur ta bécane.

– C'est noté Antoine, bon allez je vais me coucher, je te rends à tes clients. Bonne nuit.

– Oulà oui, je vais pas tarder à les renvoyer chez eux de toute manière. Allez Gaby, *a dumane*.

– *A bona sera,* répondit Gaby, en se demandant à quelle heure le Patron allait vraiment fermer l'établissement. Car il y avait là de sérieux clients pas pressés de retrouver leurs pénates.

Alors qu'il commençait à s'éloigner, Gaby entendit le Patron lancer à la cantonade : « *Aiò* ! Et vous avez pas de maison ? »

II

Après son service matinal (l'apéro de 11 heures s'étant achevé sur le coup des 15 heures), Gabriel décida de rendre visite à Augustin. La conversation de la veille, bien que décousue, lui avait mis la puce à l'oreille.

– Oui, c'est pourquoi ?
– Bonjour, euh... Je cherche Augustin. C'est bien ici ?

Une trogne violacée se présenta dans l'encoignure de la porte.

– Vous me remettez ? Je travaille au bar « chez Tony », nous nous sommes croisés brièvement hier soir.
– Oui et alors ? rétorqua l'*imbriacone*.
– Ben... On m'a dit que vous étiez mécano ?
– Ça se pourrait. C'est pour quoi ?
– J'ai ma mob qui broute pas mal, sûrement à cause

du trajet depuis la Casinca. Je pourrais vous l'amener ? Elle broute tellement que j'ai peur qu'elle se transforme en vache.»

Celui dont l'eau minérale n'était pas la boisson favorite ne releva pas la balourdise, ni n'esquissa le moindre sourire.

D'un geste autoritaire, il fit signe à Gabriel de s'écarter et entreprit d'examiner sa Motobécane AV88.

« Ça ne va pas être de la tarte de lui délier la langue, à celui-là ! » pensa Gabriel en regardant le garagiste s'affairer sur sa mobylette.

Sa casquette vissée sur le crâne, l'homme n'était pas très grand, mais compensait par une forte carrure et des bras épais. Tandis qu'il contrôlait le carburateur, il avait déplacé ses lunettes au bout de son nez et grattait par à-coups nerveux, signe d'une réflexion intense, sa barbe dense aux reflets roux.

Gabriel tenta derechef d'engager la conversation. A ce moment-là, une Citroën DS noire fit irruption dans le garage, renversant l'humble destroyer du glébeux. Rapidement, trois hommes en sortirent, cagoules sur le visage et pistolets aux poings.

L'un d'entre eux, aussi mince qu'un chef de clan viking, saisit Augustin par le col de sa blouse et plaqua son visage sur le capot de la voiture d'un geste brusque.

– Toi, tu bouges pas et tu la fermes, compris ? Et toi, pointant le canon de son arme vers Gabriel, les mains en l'air ! lança le colosse sur un ton menaçant.

L'ambiance était électrique. Seul le bruit des machines en marche venait perturber le silence pesant qui s'était installé.

– Euh... Excusez-moi sans vouloir vous déranger...

Le géant tourna la tête vers ses hommes avant de s'apercevoir que c'était Augustin qui venait de prononcer cette phrase.

– Qu'est ce que tu veux toi ?
– Ben, j'ai l'impression qu'il y a un bruit dans le moteur, ça doit venir de la courroie je pense, faudrait que je vérifie, balbutia le garagiste.

Les trois types encagoulés se regardèrent, incrédules. Au bout de secondes interminables, l'un d'eux brisa le silence :

– Bon, qu'est-ce qu'on fait du coup Chef ?
– Pour le moteur ?
– *Innò*, pour le *pinzutu o Capò* !
– On suit les ordres. Allez, on l'embarque avec nous.

Les deux hommes de main saisirent Gabriel, chacun d'un coté et le forcèrent à entrer à l'arrière de la voiture. Avant de rejoindre la place du conducteur, le titan se tourna vers Augustin.

– Si je te l'emmène jeudi ça te va ?
– Oui, le jeudi c'est calme. En général.
– Alors on fait comme ça ! » lança le chef des cagou-

lards.

Et la DS noire repartit en trombe, laissant un Augustin hébété et la mobylette du glébeux gisant sur le sol.

« Pauvre gars » pensa Augustin en fixant le cadre métallique couché à terre « je ne sais pas ce qu'ils vont lui faire, mais ça ne va pas être du joli à mon avis. Je vais la lui réparer sa bécane, et comme c'est un ami d'Antoine, je ne lui ferais pas payer la main d'œuvre. Enfin, s'il revient... »

III

Dans un appartement du vieux Bastia.

– Merci Jojo, tu as bien fait de me prévenir !

– *Di nunda*. Quand on peut se rendre service...

– Je me suis permise d'insister uniquement parce que c'est toi. Ça ne te met pas dans l'embarras, au moins ?

– Si je peux t'arranger ça, c'est vraiment avec plaisir.

– Tu vas vraiment pouvoir ?

– Je vais faire tout mon possible. Mais pourquoi tu me demandes ça ?

– Parce que tu comprends, j'étais tellement inquiète qu'il puisse arriver quelque chose à Gabriel que j'en ai aussi parlé aux gars de la Casinca.

– Tu as fait une chose pareille ?!

– Bien sûr ! Ce sont mes voisins, quand même. Ils connaissent le petit. C'est normal qu'ils s'inquiètent pour lui.

– *Ebbè* ! On est bien...

– Alors ? Tu vas pouvoir le retrouver ?

– Pour ne rien te cacher, l'affaire est mal engagée. Et ce que tu as fait complique encore les choses.

– Quel est le problème, au juste ?

– Ton petit protégé se serait mal comporté. En conduite comme en parole. Mais je te promets : je ferai tout ce que je pourrai pour le tirer de la mouscaille !

– Rassure-moi *o Maè* : c'est quand même toi qui mène la danse, non ?!

– Tu sais, j'ai été longtemps absent. Et je ne décide pas de tout, non plus. Et d'abord, je ne sais même pas d'où ils sortent les types qui ont fait le coup.

– Vraiment ? Je croyais que tu connaissais tous ceux qui viennent sur tes plates-bandes.

– Je viens de te le dire : j'ai été retenu un peu trop longtemps du côté des Baumettes. Pas bon pour le business, tout ça !

– Qu'à cela ne tienne. Si l'affaire est trop compliquée pour toi, je demande aux gars de la Casinca d'aller récupérer le petit.

– Surtout pas, malheureuse ! Ça risquerait de mettre le feu aux poudres.

– Mais toi, tu vas pouvoir rattraper le coup ?

– L'affaire n'est pas simple. Et les choses se sont malhabilement réparties, surtout depuis que tu as prévenu les gars de la Casinca. Mais je te promets : je ferai tout ce que je pourrai !

– Les bonnes intentions ne mangent pas de pain. Ce dont j'ai besoin, ce sont des garanties.

– Tu as ma parole : dès ce soir, tu le reverras.

– Vrai ?

– Puisque je viens de te le dire ! Mais surtout : pas un mot à ceux de la Casinca. Ces bouseux n'ont rien à faire ici. On est chez nous quand même ! On a notre fierté.

– Vous serez encore plus fiers quand vous l'aurez

retrouvé. Sain et sauf.

– On va te le ramener. Dans l'état où on l'aura trouvé. J'espère que ses ravisseurs ne l'auront pas trop *scuzzulé*.

– J'espère...

– Hum, encore un peu de thé ?

– Non, je te remercie. Il se fait tard. Je vais y aller. On fait comme on a dit, alors ?

– *Ié, femù cusi !* Tu n'as qu'à repasser sur le coup des six heures.

– *A prestu.*

IV

Des bruits de pas, des voix, une discussion in lingua nustrale. L'accent est typiquement bastiais...

Sans prévenir, quelqu'un retira le bandeau des yeux de Gabriel. Le changement soudain de luminosité lui fit cligner des paupières à plusieurs reprises, rapidement. Une fois sa vision redevenue stable, le glébeux entreprit de regarder autour de lui. Il se trouvait au centre d'un vaste salon cosy, assis sur une chaise, les mains ligotées dans le dos. Face à lui se tenaient les trois hommes. A l'évidence, les responsables de son rapt. Debout, et toujours cagoulés. Un quatrième homme était présent derrière les trois autres, installé dans un large fauteuil Louis XV. Entièrement vêtu de noir, les cheveux gris gominés vers l'arrière, l'individu semblait âgé d'une soixantaine d'années. Il dégageait une certaine prestance et son regard clair laissait deviner une intelligence et une force de caractère hors du commun.

– J'ai de la chance, marmonna le glébeux sur un ton ironique, moi qui pensais me retrouver dans une cave obscure et humide.

– Non ce n'était pas la peine, répondit l'homme en noir, on sait recevoir les gens quand même. Et puis, l'humidité ce n'est pas bon pour mes rhumatismes, déjà qu'aux Baumettes... Enfin bref, sais-tu qui je suis ?

– Par déduction, je dirais que vous êtes Jojo de la Citadelle. Mais sans vouloir vous froisser, je vous croyais en prison.

– *Ezzatu* mon petit ! Mais bon, faut bien rentrer de temps en temps pour faire tourner le business, tu comprends ? Et ma conditionnelle tombe à point nommé : Bastia me manquait.

– ... (Pas sûr que ça soit réciproque).

– Bon, j'ai entendu dire que tu cherchais à savoir des choses auxquelles tu ne devrais pas t'intéresser, continua le parrain.

– Vous parlez du cadavre de la plage ?

– *Ezzatu* encore une fois, paix à son âme d'ailleurs.»

Un ange passa. Jojo reprit le fil, celui de la conversation :

– Tu vois, cet homme, il aimait bien jouer aux cartes, au poker fermé. Et il misait gros. Alors tu sais, parfois tu gagnes, mais parfois tu perds aussi, surtout quand tu bois en même temps, c'est la vie hein ?! Et donc, tu empruntes de l'argent pour continuer à jouer parce qu'en vérité t'es accro. Mais cet argent qui n'est pas à toi, faut bien le rembourser à un moment donné, non ? Comme on dit : les bons comptes font les bons amis.

– Il ne pouvait pas vous rendre votre argent, donc vous l'avez fait descendre, c'est bien ça ?

– Déduction hâtive, cher ami ! Figure-toi qu'un soir, après une énième partie perdue, ce *looser* s'est rendu compte qu'il ne pourrait jamais me rembourser. Et que l'unique solution pour sauver sa peau, c'était d'attendre que je sorte de prison pour « s'occuper de mon cas ». Remarque, au point où il en était, ce n'était peut-être pas si bête hein ?! lança le parrain dans un rictus. Plus de créancier, plus de dettes. C'est mathématique. Le problème, c'est que quand tu bois tu as tendance à trop parler...

– Du coup, vous avez pris les devants ?

– Hum... Voilà, on peut dire ça comme ça. Note que j'ai rien à me reprocher : c'était de la légitime défense. Et puisqu'on est dans la confidence, et que le retour au pays me rend de bonne humeur, je vais même te dire qui s'est occupé du travail. C'est facile à deviner, tu le connais...

– Antoine ? répondit le glébeux d'un air dépité. Il se tourna vers l'homme de main situé à sa gauche.

– Tu peux enlever ta cagoule Antoine, lança le parrain. Même s'il ne t'avait pas reconnu, ton jeune limonadier est fort en déductions.

Après un bref moment d'hésitation, l'homme retira son masque de tissu :

– *Pfiou, chì callù*, et puis bon avec mon nez, c'est pas que j'étais à l'étroit là dessous, mais pas loin quand même ! s'exclama le Patron avec soulagement. Désolé Gaby, mon coco, mais tu vois c'était l'argent du bar, il appartient à Jojo en réalité. Moi, je suis qu'un prête-nom. Donc bon, fallait bien que je m'en occupe. Sinon, qui c'est qu'aurait nourri les poissons ?

Pendant qu'Antoine essayait de se justifier, les deux autres hommes l'imitèrent et découvrirent leurs visages.

Sans surprise, Gabriel identifia, au centre, Kanak le tatoué. L'ancien rugbyman, radié à vie pour violences à l'encontre du corps arbitral, était devenu l'homme de main de Jojo de la Citadelle. Il gérait les affaires du parrain de la pègre bastiaise lorsque celui-ci dormait à l'ombre de la Bonne Mère.

Quant au troisième homme, il s'agissait de *Michè*, le pêcheur amateur taciturne. En le voyant, le glébeux eu comme une révélation :

– Le corps a été découvert par des pêcheurs, si je me souviens bien de ce que disait l'article du journal ?

Le parrain reprit la parole :

– En effet, *Michè* devait l'emmener sur sa barque et le jeter au large. Mais cet *intrunatu* a faillit se faire griller par un couple de touristes allemands. Du coup il a dû improviser. Avec brio. Pas vrai *Michè* ?!

L'intéressé, qui ne connaissait pas le dénommé Brio, mais qui n'osait pas contredire le parrain, opina du chef pour acquiescer.

– Voilà. A présent, ton vilain défaut est satisfait. Et même si tu n'as pas tous les tenants et les aboutissants, tu es bien trop malin pour ignorer ce qui t'attend...

– Euh... Qu'est-ce qui m'attend, au juste ?

– Tu m'as très bien compris : si je te raconte toute l'histoire, c'est à ton tour d'aller gouter l'eau de la plage.

Kanak, si tu veux bien procéder, mais fais attention au tapis quand même, il est neuf.

Le géant s'approcha de Gabriel d'un pas lourd, il releva les manches de sa chemise, laissant entrevoir des biceps énormes recouverts de nombreux tatouages tribaux. Et sans un mot, il assena une gifle dantesque au pauvre Gabriel. Le coup fut si puissant qu'il plongea instantanément le glébeux dans les vapes.

V

Un bruit de sonnette, une porte qui claque, des voix...

Lorsque Gabriel retrouva ses esprits (et rouvrit ses paupières tuméfiées) il se trouva nez à nez avec la dernière personne qu'il s'attendait à voir.

– Santa ? C'est bien toi ? Mais comment es-tu arrivée ici ?
– Eh, j'ai pris le bus, *mù figliolu*, tu sais celui avec la tête de mouflon ? *O basta*, j'aurais mieux fait de prendre le *trinnichellu* à partir de Casamozza : j'ai cru que ça ne finirait jamais.
– Mais ?! Et les autres ?
– *Quale* « les autres » ?
– *Bè*... Jojo de la Citadelle ? Et Kanak ? Et aussi Antoine ?
– Oh, ne t'inquiète pas pour ça : je me suis arrangée avec eux. Hein Joseph ?
– *Ié* Santa !

Gabriel remarqua que le parrain avait perdu de sa superbe.

– Avec eux ? Mais comment ?

– Oh c'est très simple *ciucciu*, expliqua l'*Ébréa* de sa voix douce et déterminée. Lorsque j'ai su que tu avais des ennuis, j'ai prévenu les casincais que je montais te chercher. Alors voilà : s'ils ne me revoient pas revenir avec toi par le car de ce soir, ils mettront Bastia à feu et à sang pour nous récupérer. Tout simplement. Et le tapage, ce n'est pas bon pour les affaires, hein Joseph ?

– *Innò, Santa, hè sicura* !

– Surtout quand on est en conditionnelle.

– ...

– Allez, lève-toi mon petit, sinon on va rater le car. Et toute la Casinca va partir à notre recherche.

– Mais... Et ma mobylette ?

– Elle est en de bonnes mains, tu la récupéreras un autre jour. Parce que figure-toi, je me suis engagée à te ramener au village. Et je n'ai nullement l'intention de monter sur le porte-bagage !

VI

Tandis qu'il marchait tranquillement au coté de Santa, en direction de la gare routière, Gabriel avait encore une myriade de questions à poser.

– Dis-moi Santa...
– Oui mon petit ?
– Comment tu as su que j'avais des ennuis ? Et comment tu as su où il habitait Jojo de la citadelle ?
– Tu veux vraiment le savoir ?
– Évidemment !
– C'est Joseph lui-même qui m'a prévenue.

Le glébeux faillit s'étrangler en entendant la révélation.

– Quoi ?! Mais ce malade a voulu me tuer !
– C'est ce que tu as cru, répondit Santa avec un léger sourire. Mais tu n'as pris qu'un *pattone* au final. Nous avons mis en place ce stratagème pour que tu puisses repartir vivant sans que Joseph perde sa

crédibilité devant ses hommes, et le reste de la pègre. Tu comprends, si plus personne ne le craint, la prochaine fois qu'il est embastillé il risque de se faire doubler.

– Alors c'est lui qui t'a prévenue ?

– Eh oui !

– Mais pourquoi ?! Pourquoi t'a t'il appelée ?

– Ah ça c'est une autre histoire mon petit. Une histoire qui remonte à loin...

– Dis Santa, tu voudrais bien me la raconter ?

– Joseph et moi, on a fréquenté la même école. On aurait même pu se fréquenter tout court, si seulement cet *intrunatu* avait choisi la bonne part. Mais vu le chemin qu'il a pris, ce n'était pas la peine d'espérer quoi que ce soit !

Cette confidence eut le même effet sur Gabriel que la mornifle que lui avait collé Kanak. Refusant le K.O. technique, il rassembla ses dernières forces et lança :

– Mais Santa, pourquoi tu dis que...

Il fut stoppé net par le regard réprobateur de l'*Ébréa*.

– Allez, arrête un peu avec tes questions saugrenues, *mù figliolu*, et dépêche-toi de monter dans le bus. Je vais me reposer un peu, tu n'auras qu'à me réveiller quand nous serons arrivés.

Bonne Ânée le glébeux !

I

En cette année 1974, les inscriptions « *I pedi-neri fora* » ont dissuadé Gabriel, alias le glébeux, de trop travailler dans les orangeraies et les vignes de ceux que le *Frontu Paesanu Corsu di Liberazione* appelle les « colons ». Il a piqué quelques francs dans une partie de cartes avec les gendarmes Pantanacce et Casanova, et ça suffit à son bonheur.

Le glébeux aurait pu se reposer jusqu'à Noël si, au souper du soir, Santa Costantini ne l'avait pas sollicité pour aller aider un vieil ami, Alex Pavlov, éleveur de chèvres et d'ânes dans le Fiumorbu. Il est seul à garder ses animaux. Cinq ânes et une ânesse viennent de lui être volés, pendant qu'il faisait paître ses chèvres sur le Monte Renosu. Santa ne lui avait jamais parlé de cet ami portant un patronyme bizarre pour un Corse. Avant d'accepter, Gabriel a besoin de quelques explications.

– O Santa ! Alex Pavlov, c'est un mec des pays de

l'Est. Comment il s'est retrouvé à Ghisoni avec ses chèvres et ses ânes.

– Son grand-père est arrivé à Ajaccio, en 1921, sur un navire venu de la Crimée. Il y avait plusieurs milliers de réfugiés à bord. On les appelait les « Russes blancs » car ils ont fui la Révolution d'Octobre. Plusieurs centaines d'hommes sont restés sur notre île. Ils se sont mariés avec des femmes corses, parfois des veuves de la première guerre mondiale. C'est le cas du grand-père d'Alex qui a épousé une fille de Ghisoni avec qui il a eu un fils, le père d'Alex qui a repris l'activité pastorale familiale. Il ne s'est pas marié. Il n'a pas d'enfant. Il vit seul.

– Comment tu l'as connu ?

– Si on te le demande, tu diras que tu ne le sais pas.

– C'est une ancienne relation amoureuse, alors !

– Si ça te fait plaisir de le croire, crois-le ! Pour moi, ce qui compte, c'est que je m'intéresse à sa santé. Je sais qu'il a des problèmes psychiques et, si on tue ses ânes, il va tomber malade ou faire un malheur. On lui demande tout ce qu'il a et de foutre le camp de la Castagniccia, sinon ces ânes seront vendus à des charcutiers italiens pour en faire de la mortadelle.

– C'est cher payé pour des ânes !

– Ne lui dis pas ça, malheureux ! Ses ânes et ses chèvres sont sa famille. Lorsque je le fréquentais, il peignait. Sur tous ses tableaux, il y avait toujours des chèvres et des ânes. Jamais des humains.

– Un homme qui murmure dans l'oreille des ânes ne peut pas être un mauvais bougre. Je vais aller le voir demain. Il me racontera son histoire.

– Je lui ai déjà annoncé ta venue. Il t'attend. Le mieux est que tu restes quelques jours avec lui pour lui remonter le moral et surveiller le reste de son troupeau.

– Tu demandes au fils d'un anarchiste espagnol d'aller aider le petit-fils d'un Russe blanc, au fils d'un révolutionnaire de porter secours au petit-fils d'un antirévolutionnaire ! Si je refuse d'y aller ? Ah ! Si je me montre aussi têtu qu'un âne, Ah ! Ah ! Tu te serais bien avancée. Qu'est-ce que tu vas lui dire à ton vieil ami ? Tu crois qu'il suffit de me siffler pour que j'accoure ?

– Inutile de siffler l'âne s'il ne veut pas boire. Tu n'es pas un âne. Quand je te siffle tu m'écoutes et tu as toujours soif de nouvelles aventures. Sois gentil maintenant, branche mon électrophone et mets le disque corse que tu m'as offert.

– Il paraît que c'est le premier disque sorti par le premier studio d'enregistrement corse[1]. C'est le patron du... un ami qui m'en a parlé et je l'avais chargé d'en acheter un pour toi.

– Le patron du *Cignalu* ? Tu crois que je n'ai pas compris ? Tu es encore allé dans ce bar. C'est avec l'argent du jeu que tu m'as fait ce cadeau. *Hè argentu cacatu da u ventu*[2] ! *Sei di meza età. O Gà, abbia una cria di sumirinu*[3] *!*

– Un peu de quoi ?

– Tu ne connais pas le mot « *sumirinu* » ? Tu peux traduire par « bon sens » ou « jugeote ». Il te faudra faire encore des efforts pour compléter ton vocabulaire

---

1 : C'est en 1974 que le label corse Ricordu produit son premier 45 tours, celui de François Orsini, intitulé « Retour en Corse », à Ajaccio, avenue Maréchal Moncey. Le titre de cet album est hautement symbolique, puisque Ricordu est le premier studio à s'installer en Corse.

2 : C'est de l'argent fait par le vent.

3 : Tu es entre deux âges. O Gabriel, ais un peu de bon sens !

corse. Nous venons d'être autorisés par l'État français à apprendre et à parler notre langue.

– *Sumérinu* ! Il y a le mot âne dans le bon sens corse.

– L'âne corse a plus de bon sens que toi. Il préférera la paille à l'or, parce que la paille il la mange.

– L'homme sait faire l'âne pour avoir du son, mais l'âne ne sait pas faire l'homme pour avoir de l'or.

– Dans ma jeunesse, j'ai lu un poème dans lequel le narrateur est un âne qui, en raisonnant, ne changerait pas pour être un homme. Je me souviens du titre « L'Âne d'or ». A cette époque-là on trouvait rarement l'homme sans l'âne et l'âne sans l'homme. C'est l'âne qui montrait à l'homme le meilleur chemin pour tracer un sentier dans la montagne corse. C'est un animal biblique. Avant sa Passion, Jésus est entré triomphalement sur un ânon dans Jérusalem.

– Un peu comme moi lorsque je suis allé au village sur ma Motobécane flambant neuve.

François Orsoni a fini de chanter sur le 45 tour « Retour en Corse ». Santa se lève de table et annonce :

– Tu éteindras l'électrophone. Je rangerai tout demain. Je vais lire un peu dans mon lit avant de m'endormir.

– Tu vas encore méditer quelques passages de ta Bible pour me les balancer chaque fois que tu me prends pour une brebis égarée dans le péché.

– La brebis est un animal pur. Toi, tu tires davantage de la chèvre lorsque tu te laisses entraîner au bar et de l'alouette qui va se faire plumer.

– Puisque tu as sorti ton bestiaire, je ne pourrai pas emmener mon chien. Pendant mon absence, surveille Mascarò qu'il n'aille pas courir les filles et jouer sa gamelle aux osselets.

Santa attrape sa Bible au passage, en montrant sa réprobation par un haussement d'épaules pour cacher son sourire. Elle récite à haute voix : « Je passerai par ta terre ! J'irai de route en route ! Je ne m'écarterai pas à droite ni à gauche ! », avant de disparaître dans sa chambre.

Gabriel prend soin de laver les couverts et de ranger un peu la cuisine où ils prennent leur repas du soir. Cela fera plaisir à Santa. Il va à son tour se coucher. Demain il se lève tôt, direction Ghisoni.

II

Sur sa Motobécane, Gabriel a parcouru le trajet jusqu'à Ghisoni sans difficulté. Il n'a pas eu à affronter le vent et la pluie. Finalement, la balade a été plutôt agréable et il a pu assister au passage du Tour Automobile de Corse. Il a vu passer l'Alpine Renaud de Jean-Pierre Nicolas et la Lancia de Jean-Claude Andruet. Un habitué du Tour lui a désigné les deux véhicules en tête du dix-huitième Tour de Corse. Les participants remontent d'Ajaccio vers Bastia d'où ils sont partis le 30 novembre dernier. La date du départ rappelle à Gabriel que c'est le 1er décembre. Il va falloir qu'il pense à trouver un cadeau pour Santa.

À Ghisoni, notre glébeux n'a eu aucun mal à trouver la bergerie d'Alex Pavlov. Il a hérité du même surnom que son père et son grand-père : « *U Russiu* ». Il n'est pas le seul à porter ce surnom puisque c'est celui de chaque Russe et Ukrainien débarqué du bateau Rion après avoir fui la Révolution d'Octobre 1917. Tout le monde le connaît puisque les Pavlov sont installés dans la région depuis trois générations déjà.

U Russiu habite une bergerie à proximité de Ghisoni qui est un village de la haute vallée du fleuve Fium'Orbu. Gabriel doit monter à Galgacciu, au fond du vallon du Ruellu, au nord de Ghisoni. Il s'agit d'un village dont la plupart des lieux-dits sont désertés, parfois en ruines. C'est au lieu-dit de Tillu qu'il découvre la bergerie isolée sur les flancs d'un vallon creusé par un affluent du Ruellu. Alex a entendu la Motobécane arriver. Il est sur le pas de la bergerie, un fusil de chasse en bandoulière. Il est campé droit sur ses jambes écartées, le regard bleu et les rides à toutes les commissures de son visage adoucissent l'air farouche que ses muscles faciaux imposent à sa mâchoire. Sous sa casquette, s'échappent des cheveux longs hirsutes dont l'ancienne blondeur a largement laissé la place au gris et au blanc légèrement jauni. Il garde le silence. C'est Gabriel qui doit spontanément se présenter.

– Bonjour Monsieur Pavlov ! Je suis Gabriel Vasquez, le pensionnaire de Santa Costantini. Elle m'envoie vous aider.

Tous les traits du *Russiu* se sont détendus. Sa mâchoire s'est décrispée et les zygomatiques ont actionné un sourire de bienvenue.

– Je t'attendais, le glébeux. Tu es le bienvenu. Ne reste pas dehors...
– Vous connaissez mon sobriquet !
– Ici, le sobriquet a plus d'importance qu'un patronyme. Moi, on m'appelle « *U Russiu* », comme mon père et mon grand-père. Je suis corse mais ce surnom me

ramène à une autre origine. Dans ma généalogie, j'ai des couilles russes.

Tout en parlant, Alex conduit Gabriel dans sa maison de plain pied faite de grosses pierres taillées et méticuleusement superposées jusqu'au toit où sont rangées les *teghje*[4]. Du granit pour les murs et de la lauze pour la toiture. Tout ce qui est boiserie, c'est bien sûr du châtaignier, y compris les meubles rustiques et l'inévitable pétrin qui sert de garde-manger. La cheminée est dans la cuisine. Elle est en granit sans fioriture comme les murs. Les crépitements et la fumée encore épaisse indiquent que le feu est allumé depuis peu, sans doute pour cuire ou réchauffer le repas de midi.

– Je viens de l'allumer, dit Alex comme s'il avait lu dans les pensées de Gabriel. Je vais réchauffer le *stufattu* que j'ai fait hier soir. En attendant, on va se boire quelque chose avec du *lonzu*.

– J'avoue que la route m'a donné faim et soif. Nous pourrons parler de vos problèmes et de ce que je peux faire pour vous.

– Tu peux me tutoyer. Assieds-toi ! J'ai une réserve de vin rouge. Ce n'est pas celui des colons de la côte orientale. Ce n'est pas non plus du Patrimonio ou du Péraldi. C'est un petit vigneron corse du Fiumorbu qui me le vend. Il m'achète mon fromage à pâte molle et à croute lavée. C'est un échange équitable. Avec bon pain, bon fromage et bon vin, on peut envoyer promener le médecin.

---

4 : Tuiles de lauze

Pendant le repas, Alex répète à Gabriel ce que Santa lui avait déjà raconté. On lui a volé ses ânes et son ânesse pendant qu'il conduisait ses chèvres jusqu'au plateau des Pozzi, à la source du Rinoso qui se trouve sur la commune voisine de Bastelica. A son retour, les bêtes avaient disparu. Il a trouvé une lettre manuscrite clouée sur sa porte. Il la montre à Gabriel qui peut lire : « Pavlov *fora* ! Si tu veux retrouver tes ânes et ton ânesse, il faut que tu ailles paître ailleurs. Nous ne voulons plus de toi ici ». C'est signé l'ARC. L'Association des Récoltants Cueilleurs n'a rien à voir avec le *Front Paesanu Corsu di Liberazione* qui a fait exploser des avions au sol en mars et juillet derniers : un à Porettu et l'autre à la base aéronavale d'Ajaccio.

– Je n'ai pas de véhicule. Sans mes ânes et mon ânesse, je ne peux plus me ravitailler normalement et je ne peux plus livrer ma production de fromages, se plaint Alex.

– La revendication n'est guère crédible. L'Association des Récoltants Cueilleurs ne s'occupe pas des éleveurs et dénonce seulement les colons de la côte orientale. Leur chef Raymond Naphtali ne s'en prendrait pas à des bergers comme toi. A mon avis, tes ennuis doivent venir d'une vengeance ou d'un différend avec quelqu'un d'ici ou des environs. Peut-être une vieille histoire de famille. Réfléchis un peu ?

– La seule histoire que l'on traîne, c'est que ma grand-mère était promise à un gars de la Casinca et que mon grand-père l'a épousée. Il paraît que ça a fait des histoires à l'époque. Avec les descendants du prétendant éconduit et même la famille de ma grand-mère, on ne se parle pas. Je n'ai aucune relation avec ces gens. Nos familles se sont toujours évitées.

– Tu n'as pas eu dernièrement une altercation avec quelqu'un même pour un motif futile ?

– Maintenant que tu me le demandes, je me souviens m'être disputé avec un gars dans un bar de la côte orientale lorsque je prenais un peu de bon temps. J'étais d'ailleurs passé voir Santa mais tu étais ailleurs. Un grand maigre m'a dit que je le regardais de travers. Je lui ai répondu que je ne le connaissais pas et que s'il me cherchait, il allait me trouver...

– Quel bar ?

– Euh... Il porte un nom de poisson... Tiens, ça me revient : « la Rascasse ».

– Tu ne pouvais pas tomber plus mal. C'est un bar fréquenté par des petites frappes qui commencent à jouer les caïds. Tu t'es battu ?

– Il m'a menacé de m'arranger pour les jours qui me restent à vivre. Je lui ai répondu « *Toccami ghjà si tu sè omu !*[5] »... Finalement, un gros mec tatoué a calmé le jeu. Il leur a dit qu'il ne voulait pas d'embrouilles avec eux mais qu'il leur fallait ne pas foutre le bordel pendant qu'un mec dont j'ai oublié le nom était en taule. Il m'a dit ensuite d'aller me faire voir ailleurs. Je suis parti.

En disant cela, Alex a la mine déconfite. Il pense sans doute qu'il a manqué de courage et qu'il aurait dû se coltiner avec l'espèce de grande bringue qui n'attendait que cela.

– Tu as eu le bon reflexe[6]. C'était la chose la plus sage à faire. Le gros dont tu parles, il était comment ?

---

5 : Touche-moi si t'es un homme !

6 : C'est vrai, il se nomme Pavlov. N'y voyez là qu'une simple coïncidence !

– Déjà il avait les yeux plutôt bridés, le teint chocolat au lait. Ce n'est pas un physique courant en Corse. Même ses tatouages ne sont pas comme ceux des légionnaires ou des marins. Ils sont artistiques. Il en est tout tapissé avec plein d'arabesques cabalistiques.

– Et celui qui t'a cherché des noises, le grand maigre. Tu pourrais me le décrire ?

– Oui, c'est un dégingandé avec les cheveux noirs longs, un gros nez et de petits yeux bleus. Il portait une veste en cuir marron avec des franges comme dans les westerns. J'ai vu ensuite qu'il boitait.

– Je crois qu'on va retrouver rapidement tes bêtes. Je vais appeler la cavalerie pour les récupérer.

– Quelle cavalerie ?

– Ce ne sont pas des chevaux de course. Ils avancent le plus souvent à pas d'âne. Ils sont donc tout indiqués pour donner le coup de pied dans la fourmilière du Bar de la Rascasse qui te veut du mal.

– Tu penses que le coup vient de là, juste pour une petite dispute sans raison valable ?

– Comment il s'appelait le mec à qui ton grand-père a chipé la fiancée.

– Jules Cacavelli ! Il est mort depuis longtemps.

– Tu connais ses descendants ?

– Non ! Je t'ai dit que mes parents ne les fréquentaient pas à cause de cette vendetta familiale.

– Eh bien lui doit te connaître parce que je pense que c'est lui qui t'a provoqué au Bar la Rascasse. Il fait partie de la bande. On le surnomme "*u schiancu*" depuis qu'il s'est logé une balle dans le genou en voulant justifier son ancien surnom de Lucky Luke. C'est un Cacavelli de la Casinca.

– Comment il s'est débrouillé pour se blesser ?

– Il avait un revolver. Il a voulu dégainer plus vite que

son ombre et il a malencontreusement appuyé sur la détente alors que l'arme était coincée dans l'étui.

– En plus il a une pétoire ! Il est dangereux pour lui mais aussi pour les autres. Je l'ai échappé belle.

– Où je peux téléphoner ?

– Il faut aller à Ghisoni. Si le bureau de poste est fermé, tu vas au bistrot. C'est un ami. Tu lui dis que tu viens de ma part. Tu paies ton verre et ton coup de fil sera gratuit, à condition de ne pas téléphoner pendant une heure à l'autre bout du monde.

– Tu crois vraiment qu'il va apprécier que j'appelle la gendarmerie de Castellu-di-Casinca ?

– Ne lui dis pas ! C'est mieux !

Après le repas copieux et un litre de vin, Gabriel a enfourché sa Motobécane et repris la route de Ghisoni où il trouve le bureau de poste fermé. Arrivé dans le bar indiqué, dès qu'il a dit qu'il venait de la part d'Alex le berger, il a vu un sourire avenant sur le visage du bistrotier, seul dans son établissement désert en ce début d'après-midi.

– Comment il va *U Russiu* ? Il a retrouvé ses ânes et son ânesse ?

– Vous êtes au courant ?

– Ici, il y a toujours quelqu'un qui vient me dire ce qui se passe sur la commune. En plus, en écoutant les discussions, je n'ai même pas besoin de lire le journal. Qu'est-ce que je vous sers ?

– Une liqueur de myrte me fera digérer le repas que vient de m'offrir Alex. Je vous invite si vous acceptez.

– Mon épouse n'est pas là. J'accepte parce que vous êtes l'ami d'un ami.

– Je viens aussi pour téléphoner. Vous savez si le

bureau de poste va ouvrir ?

– Dans pas longtemps si le bureau ouvre. Depuis octobre, c'est la grève nationale des PTT mais ici ça ouvre quelques heures pour le téléphone et les pensions. Depuis qu'il y a des négociations salariales, la grève s'est effritée. Les postiers devraient tous reprendre le travail dans quelques jours. Si c'est urgent, vous pouvez téléphoner d'ici pour la Corse uniquement. Pas pour l'étranger. Le téléphone est là !

L'homme saisit un téléphone à cadran de derrière le comptoir et le place à portée de Gabriel, pas très chaud pour parler devant un témoin qui lui a presque dit que chez lui c'est radio Fiumorbu. Il trouve une parade sans vexer le bistrotier.

– Non, merci ! C'est un coup de fil pour l'étranger. Je peux attendre en votre compagnie.

Après quatre liqueurs de myrte, le bureau de poste a enfin ouvert, alors que le bar commençait à recevoir les joueurs de cartes. Gabriel a payé la dernière tournée, en déclinant la suivante du patron, trop heureux de boire un coup en racontant le passage du Tour de Corse automobile le matin même. Il connaissait tous les coureurs et tous les véhicules et pouvait commenter les photos.

A l'ouverture du bureau de poste, Gabriel a obtenu le gendarme Casanova à qui il explique le kidnapping et ses soupçons. Le gendarme n'en croit pas ses oreilles et lui fait part de plaintes en tapages nocturnes qui pourraient les mettre sur les traces des bradypes kidnappés.

– Ton information ne peut pas mieux tomber. Nous avons des plaintes concernant des braiements nocturnes. Je pensais qu'il s'agissait d'animaux errants, lui révèle Casanova.

– Il faudrait aller voir du côté de La Rascasse. Je reviens demain. J'aimerais bien participer à la libération des otages.

– Tu sais que les braiements des ânes portent à plusieurs kilomètres. Ils vont encore faire du tapage nocturne ce soir. Il ne faudrait pas que cela se termine à coups de fusils sur ces pauvres ânes. Morts, ils devront être laissés aux équarrisseurs.

– S'il s'agissait de vaches, tes craintes seraient fondées. Aucun Corse ne tuera un âne. De toute façon, si vous récupérez les bêtes ce soir, c'est dans la gendarmerie qu'elles vont braire, alors que, demain, je m'arrange avec leur maître pour les ramener chez elles.

– Tu as sans doute raison. Et puis des ânes à la gendarmerie, cela va nous attirer un tas de moqueries dans le style « Ils ont obtenu des renforts ». Je t'attends avant d'agir. Je vais simplement m'assurer que les ânes sont bien du côté de ce bar de voyous.

– *U spallone*[7] décrit par Alex, j'ai pensé à Kanak. Qu'est-ce qu'il foutait avec la bande de la Rascasse ?

– Tels qu'il décrit les tatouages, ce ne peut être que lui. Son boss Jojo la Citadelle est retourné en taule. Comme d'habitude son lieutenant maori essaie de maintenir un semblant d'ordre sur son territoire. C'est lui le parrain par intérim et ça lui plaît parce qu'il peut faire la tournée des bars et des caboulots. Il paraît que Jojo lui a dit de surveiller tout particulièrement le bar de La Rascasse.

---

7 : Celui qui est carré d'épaules.

– Apparemment, il n'a rien à voir avec notre affaire. Le meneur est *U Scancacciu*[8]. Sa famille entretient une vieille vendetta avec celle d'Alex Pavlov.

– Il faut que je te quitte. Tu viens vers quelle heure demain ?

– Avec ma brêle, je ne vais pas aussi vite que la Lancia d'un certain Jean-Claude Andruet ou l'Alpine Renault de Jean-Pierre Nicolas. Mais je partirai tôt et je serai à la gendarmerie en milieu de matinée.

– *A prestu, amicu* !

Le glébeux a répondu « *a prestu* ! » dans le vide car le gendarme avait déjà raccroché. Il a quitté le village, en saluant au passage le bistrotier aficionado du Tour Automobile de Corse, mais ce dernier était rivé à sa radio pour écouter les derniers déroulements de la remontée des véhicules sur Bastia.

Lorsqu'il est revenu dans la bergerie d'Alex, ce dernier s'occupait de ses fromages qu'il retournait les uns après les autres en les inspectant. Il l'a rapidement informé des suites données au kidnapping de ses animaux. Ensuite les deux hommes en ont profité pour mieux se connaître. Alex a parlé de ses parents et surtout de ce grand-père venu de Crimée. C'était un Russe blanc instruit qui a épousé une fille de berger corse, séduite par son allure aristocratique. Dès qu'il avait eu un peu d'argent, il s'était offert un dictionnaire, l'une des premières éditions du Petit Larousse illustré. Un peu plus tard, au coin du feu et après une soupe corse où trempait une belle

---

8 : Le sale boiteux (acciu, suffixe péjoratif)

couenne de porc, du Fium'Orbu[9] sur du pain rustique, Alex a sorti ce dictionnaire comme s'il s'agissait de la Bible. Sur la première page, une main avait écrit « Ce livre appartient à Alex Pavlov, 1936 ». *U Russiu* avait donc hérité du prénom et du surnom de son grand-père. Ils feuillettent les pages jaunies et fragiles, certaines en partie déchirées par les nombreuses manipulations.

– *Mi* ! On trouve même les noms des députés et des sénateurs corses à la date du 19/07/1935, fait remarquer Alex.

– Il y a des noms qui ne me disent pas grand-chose mais le patronyme « de Rocca-Serra » est toujours d'actualité.

– Camille de Rocca-serra, député en 1936, est mort depuis plus de dix ans. Son fils est Jean-Paul que l'on surnomme « Renard argenté ». Et maintenant il y a le petit fils qui a hérité du prénom de son grand-père comme moi du mien.

– A chacun son clan ! Le tien est dans l'élevage et celui des « de Rocca-Serra » dans la politique.

La discussion s'est arrêtée là. Aucun des deux n'avait envie de refaire le monde et encore moins la Corse. La politique, ce n'est pas ce qui les fait vivre. Ce qui les nourrit, c'est la terre corse. Alex a évoqué un très récent accident d'avion à Nairobi[10]. Il s'est souvenu qu'en 1962, un avion est venu s'écraser contre une paroi du

---

9 : U Fium'Orbu est un fromage Corse à pâte molle et à croute lavée. Son nom vient d'un petit fleuve Corse qui se jette dans la mer Tyrrhénienne au sud d'Aléria. C'est aussi le nom de la piève.

10 : *Le 20 novembre 1974, le Boeing 747 opérant le vol 540 de la Lufthansa s'écrase au décollage de l'aéroport de Nairobi au Kenya. 59 des 157 personnes à bord sont tuées.*

Monte Renoso causant la mort de vingt-deux joueurs et joueuses de l'équipe de basket de Bastia, ainsi que de l'équipage. Gabriel n'a pas voulu revenir à un sujet politique en évoquant les plasticages récents de deux avions en Corse...

– Demain, je vais retourner au Bar de la Rascasse avec les gendarmes. Il faudrait ensuite que tu me rejoignes pour récupérer ton cheptel. Tu as un camion pour les transporter ?

– Je ne vais pas leur faire ça. Je vais d'abord demander à un ami berger de s'occuper ici de mes chèvres. Je connais quelqu'un qui me transportera dans sa voiture. C'est un taxi occasionnel. Mes ânes, je les ramènerai à pas d'âne. La promenade leur fera du bien. Auparavant, j'en profiterai pour voir Santa.

– Puisque tu me parles d'elle, dis-moi tout ! Elle a été ta maîtresse ?

– Si j'avais eu une aventure amoureuse avec elle, nous serions toujours ensemble. C'est une amie de jeunesse. Nos pères se connaissaient. J'ai même entendu dire qu'ils étaient dans le même groupe de la Résistance corse sous l'Occupation.

– Ne me dis pas qu'elle a toujours vécu comme une nonne avec sa Bible. Je ne le croirais pas.

– Allez ! Je vais voir mes chèvres avant de me coucher. Demain, nous nous levons tôt tous les deux. Nous avons tant à faire.

Décidément, dès qu'il s'agit d'aborder la vie amoureuse de l'*Ébréa*, c'est l'omerta.

III

Finalement, Gabriel a pu profiter du taxi occasionnel. L'homme est aussi un passionné de moto. Il a attelé, sur une remorque adéquate, la Motobécane du glébeux, moyennant un petit supplément de prix. Ensuite, Gabriel a compris pourquoi on surnomme ce chauffeur corse « le fredonneur ». Pendant tout le trajet, il a fait profiter ses passagers de sa voix en imitant Tino Rossi qui vient de fêter ses soixante-sept ans dans sa maison de Marinella, à la sortie d'Ajaccio, sur la route des Sanguinaires. Ils ont eu droit à « Marinella », « Tchi-tchi »... *Canchjula* ne s'est arrêté que pour aller pisser.

Alex a alors soufflé à l'oreille de Gabriel :

– Il va finir par nous chanter Petit Papa Noël, le 24 décembre n'est pas loin !

Sur l'air de « *Vieni*, *vieni* », ils sont arrivés à la gendarmerie suffisamment tôt pour aller avec les gendarmes rendre visite au patron du bar La Rascasse.

Le gendarme Casanova a confirmé la présence de plusieurs ânes dans un jardin situé derrière cet établissement fréquenté par le Boiteux et sa bande. Il leur a précisé que le patron du bar est plutôt un ami de Jojo la Citadelle et que le Maori Kanak veille à ce qu'il le reste. Toutefois son bar est le lieu de rassemblement d'une bande de jeunes malfrats bien connus des habitants du coin. Malgré Kanak, ce bistrotier a de plus en plus de mal à résister à cet envahissement. Casanova le voit plus comme une victime qu'un coupable.

– Il a dû accepter de garder les ânes sur l'insistance de la bande. S'il continue comme cela, il va finir par tomber pour du recel et faire l'objet d'une fermeture administrative de son bar. Ce serait dommage.

– L'art de la police, c'est de ne pas voir ce qu'il est inutile qu'elle voie. C'est Napoléon qui l'a dit. Si l'on ferme ce bar, on ne saura plus ce que trafique sa bande de pieds nickelés » explique Pantanacce.

Les deux gendarmes corses sont partisans du « *lascia corre* » sous contrôle, alors que leur chef, le Gros Beauger, est constamment le nez collé sur les statistiques des contraventions et des procédures administratives, peu enclin à s'occuper des affaires judiciaires dont le taux d'élucidation n'est jamais à la hauteur des efforts qu'elles demandent et des risques qu'elles font courir. D'ailleurs, ce dernier répugne à se rendre sur le terrain et préfère rester à la gendarmerie pour jouer le grand chef dans la tour d'ivoire qu'est son bureau. C'est donc sans lui, mais en compagnie de Casanova et de Pantalacce, que Gabriel et Alex se rendent au bar La Rascasse pour récupérer les équidés nains.

Sur place, il ne leur faut pas longtemps pour constater que les cinq ânes et l'ânesse d'Alex caracolent dans le jardin situé derrière le bar. Suivis de Gabriel et d'Alex, les deux gendarmes font alors leur entrée dans l'établissement, en bombant leurs torses pour impressionner le patron du bar et les cinq clients attablés, tous des connaissances puisqu'il s'agit de la bande qui a fait de cet établissement leur repaire de brigands. Parmi eux, il y a bien sûr le Boiteux à qui Casanova s'adresse :

– O Simon Cacavelli ! Tu connais cet homme qui est avec nous, lui dit-il en montrant Alex.

– Pourquoi ? Il dit qu'il me connaît ? répond le malfrat en jouant le caïd devant ses potes hilares.

– Il le dit ! Je le crois et moi, je dis que tu lui as volé les cinq ânes et l'ânesse qui sont dans le jardin derrière le bar. Le problème est que le jardin appartient au patron du bar. Réfléchis à ton avenir et celui de tes amis, si nous mettons votre ami *Ciocciu* en taule avant de fermer son bar ! Qu'est-ce qu'il va en penser Jojo la Citadelle ? Veux-tu qu'on aille le demander à Kanak ?

Le Boiteux a perdu sa superbe sous les yeux maintenant réprobateurs de ses acolytes sans doute mécontents de se retrouver dans une galère par esprit de bande. Pantalacce a saisi les regards inquisiteurs sur le Boiteux. Il en profite pour tenter de diviser la bande.

– Alors, les mecs, le Boiteux a voulu vous faire jouer les mousquetaires. Tous pour un et un pour tous ! Vous avez kidnappé des ânes dans une histoire de vendetta qui remonte à trois générations. Vous vous êtes fait avoir. Vous ne pensez pas que c'est à son tour de jouer un pour tous en assumant seul le kidnapping.

Devant les acquiescements de têtes, le Boiteux se sent lâché. Il n'a plus qu'à se montrer comme seul responsable d'un méfait somme toute ridicule et qui porte atteinte à la crédibilité de toute la bande. Pourtant, il ne dit mot. Alors Casanova sort l'ultime mise en garde qui fait mouche...

– Puisque que tu fais ta tête de mule, je vais dire à Raymond Napthali que tu as voulu le ridiculiser en revendiquant au nom de l'ARC un kidnapping d'ânes pour chasser du Fiumorbu un brave berger corse.

– Chef, j'ai voulu faire une blague. Vous pouvez vérifier, les ânes ont été bien traités. Je leur ai donné à manger des carottes corses. Vous pouvez les faire examiner, ils sont tous en bonne santé.

– Vous allez tous venir avec nous pour vous expliquer à la gendarmerie », décide Casanova.

Gabriel avait une envie folle de casser la seule jambe valide du Boiteux mais ce n'était pas envisageable. Et puis les gendarmes ne l'auraient pas laissé faire. Il lui vient une idée qu'il s'est empressé de communiquer. L'idée n'est pas trouvée bonne par tous, surtout pas par le Boiteux. Elle a cependant beaucoup plu à Alex qui promet de retirer sa plainte si ses voleurs acceptent de chevaucher ses ânes et le dédommagent. C'est comme cela que les bras cassés de la Rascasse ont été promenés dans le village à dos d'ânes, sous la garde de la Maréchaussée. Ils ont enduré les ricanements et les quolibets des villageois.

Alex a beaucoup ri du cortège fait à ses voleurs, ce qui l'a mis de bonne humeur. Le Boiteux avec sa veste de Far-Ouest chevauchant un âne qui ne cessait de braire. L'image allait le poursuivre longtemps.

L'affaire a été réglée localement avec l'accord du Brigadier Beauger qui n'a pas vu d'inconvénient à éviter trop de paperasse et un transport devant le Juge Gougère pour une fausse affaire de terrorisme. Ce dernier, en bon Bourguignon, aurait dit « Faut y voir de plus près ! » en leur délivrant une commission rogatoire pour s'assurer que des Autonomistes ne seraient pas impliqués dans cette affaire.

Casanova et Pantalacce ont joué les juges de paix sous un châtaignier. Les voleurs se sont cotisés pour rembourser tous les frais d'Alex, lui payer le recours à un transporteur de bestiaux et lui éviter ainsi un retour à petits pas d'âne. Réflexion faite, Alex a accepté pour retrouver plus rapidement ses bêtes. Il a toutefois fait savoir que si les Corses venaient à utiliser comme autrefois les ânes pour se déplacer, au lieu d'imiter les coureurs automobiles du Tour de Corse, il y aurait moins de morts sur les routes. A quoi bon courir, lorsque l'on n'est pas pressé ! Notre berger a passé la nuit chez Santa qui a accueilli aussi les animaux. Il n'est reparti qu'au petit matin à bord du camion loué pour la circonstance. Cette nuit-là, les ânes se sont tus.

Gabriel est allé faire une partie de contrée avec Casanova, Pantalacce et leur pigeon attitré : le Gros Beauger. Gabriel, en cette fin d'année 1974, n'a pas résisté à lui adresser un petit jeu de mot: « Pour la gendarmerie, c'est une bonne ânée qui se termine bien ! »

Le Gros Beauger n'a pas compris sur le moment mais les histoires sur les ânes se sont multipliées, certains faisant revivre l'âne de Grossu Minutu, un *dragulinu*[11] célèbre dans toute l'île à l'époque de Pascal Paoli. Ses histoires humoristiques lui ont survécu. Un homme entre dans le bar. Le Gros Beauger le salue en lui donnant du « Monsieur l'Ingénieur ». Un pilier de comptoir interpelle l'homme chargé du tracé d'une nouvelle route :

– Vous construisez une nouvelle route en regardant dans des lunettes. Ici, ce sont les ânes qui indiquent les tracés des routes montagneuses. Il suffit de les suivre pour avoir le meilleur tracé.

– Mes lunettes sont un instrument de mesure très utile. Que ferez-vous lorsque vous n'aurez plus d'ânes ?

– Vous les avez déjà remplacés » réplique le client corse non sans malice.

Pantalacce glisse alors, dans l'oreille de Gabriel, une ultime plaisanterie :

– Ici un âne à deux pieds peut prendre du galon et rester âne.

– Que dis-tu ? lui demande le Brigadier Beauger qui a dû entendre le mot « galon ».

– Il me disait qu'il est difficile de mettre un âne au galop lorsqu'il monte » reprend Gabriel pour éviter un départ prématuré du Gros Beauger.

Toutefois, si la formulation est différente, la métaphore reste la même, lorsque l'on sait que le Gros Beauger est

---

11 : Marchand ambulant, colporteur.

plutôt sédentaire et n'avance qu'à reculons. Pantalacce acquiesce tout sourire. Il a été sauvé mais pas désavoué.

A Castellu-di-Casinca, l'histoire des cinq ânes et de l'ânesse n'a pas fini d'être racontée et amplifiée. Il paraît que les cinq ânes se seraient livrés à des outrages sur la seule ânesse parquée dans le jardin du bar de la Rascasse. Ils sont en avance de six ans sur ce que la presse appellera une « tournante » dans des banlieues pauvres du Continent. La question reste de savoir qui sera le père si l'ânesse a été engrossée.

Pantalacce a lâché à ce sujet :

– On pourra souhaiter une bonne Ânée 1975 à Alex Pavlov qui devrait augmenter son troupeau ! »

Tout le monde a bien ri, sauf le Gros Beauger qui n'a toujours pas compris l'importance de l'accent circonflexe et du nombre de « n », signes qui distinguent phonétiquement « ânée » de « année ».

En cette fin d'année 1974, la France avait eu trois présidents de la république : Pompidou décédé, Poher par intérim et Giscard élu pour 7 ans. Quel destin va donner ce dernier à la Corse ? Au bar du *Cignalu*, personne ne se fait d'illusions.

Un habitué, connu pour ses sympathies autonomistes, lance :

– Avec un président à particule et un ministre de l'Intérieur qui porte le nom polonais d'un Maréchal de Napoléon 1er, nous sommes loin de l'idée de la Corse que se faisait Pascal Paoli. L'année 1975 sera difficile.

Son voisin de comptoir ajoute :

– Jusqu'à présent, nous avons eu de la chance d'être corses. Si nous avions été polynésiens, nous aurions déjà subi quarante-six essais nucléaires près de nos côtes.

Un troisième apporte sa salive au moulin à paroles qu'est cet établissement le soir, à l'heure de l'apéro, en constatant :

– Les Québécois ont obtenu que le français devienne leur langue nationale et nous, nous venons à peine d'être autorisés à parler et apprendre le corse.

Ce dernier s'entend alors dire par le Gros Beauger :

– Mais de quoi tu te plains ? Tu as toujours été un âne à l'école. Tu n'as même pas le certificat d'étude !

L'homme réplique :

– Peut-être ! Mais un âne corse sait braire en langue corse. Chose que ne savent pas faire ses congénères de provenance continentale.

Le Brigadier Beauger ne se dérida pas, oh non !

www.editionsducursinu.com
www.polar-collard.fr

Textes : Olivier Collard/Christian Maïni/
Pascal Sain/Jean-Paul Ceccaldi
Illustration : Lisandru Ristorcelli
Maquette : Cédric Libassi - www.blissdiffusion.com

Cet ouvrage a été achevé d'imprimer
par Pulsio.net en octobre 2018
Imprimé en Communauté Européenne

Dépôt légal 3ième trimestre 2016

ISBN : 979-10-90869-27-1